情满江河

——记为新中国水利事业奉献一生的老同志

◎主编　凌先有

中国水利水电出版社
www.waterpub.com.cn
·北京·

内 容 提 要

70年风雨兼程，70年波澜壮阔。70年来，一大批水利人用自己的一腔热血，树立了一座座精神丰碑。在职时，他们披星戴月、筚路蓝缕；退休后，他们继续发光发热；他们将自己的一生都奉献给了水利事业，奉献给了祖国的大好河山。

本书收录了中华人民共和国成立以来为水利事业做出突出贡献的代表性人物，有“长江之子”林一山、“三峡之子”郑守仁、水工抗震学科奠基人陈厚群等，也有一些普通的水利人，他们用自己的点滴事迹，彰显心中的大爱情怀。他们的事迹是中华人民共和国水利事业蓬勃发展的缩影，对于我们回望来时路、继续新征程具有重要的学习和借鉴意义。

本书适合所有水利战线上的工作人员阅读学习，也可以供广大热心关心水利事业的社会人士阅读参考。

图书在版编目（CIP）数据

情满江河 : 记为新中国水利事业奉献一生的老同志 / 凌先有主编. -- 北京 : 中国水利水电出版社, 2020.4
ISBN 978-7-5170-8465-5

Ⅰ. ①情… Ⅱ. ①凌… Ⅲ. ①水利建设－先进工作者－生平事迹－中国－现代 Ⅳ. ①K826.16

中国版本图书馆CIP数据核字(2020)第044391号

书　名	情满江河——记为新中国水利事业奉献一生的老同志 QINGMAN JIANGHE——JI WEI XIN ZHONGGUO SHUILI SHIYE FENGXIAN YISHENG DE LAOTONGZHI
作　者	凌先有　主编
出版发行	中国水利水电出版社 （北京市海淀区玉渊潭南路1号D座　100038） 网址：www.waterpub.com.cn E-mail：sales@waterpub.com.cn 电话：（010）68367658（营销中心）
经　售	北京科水图书销售中心（零售） 电话：（010）88383994、63202643、68545874 全国各地新华书店和相关出版物销售网点
排　版	中国水利水电出版社微机排版中心
印　刷	北京瑞斯通印务发展有限公司
规　格	184mm×260mm　16开本　9.75印张　175千字
版　次	2020年4月第1版　2020年4月第1次印刷
印　数	0001—3200册
定　价	**42.00**元

编　委　会

前言

如果江河有记忆，那她的每一层涟漪都记录着一个故事。

如果江河会言语，那她的每一朵浪花都诉说着一段传奇。

中华人民共和国70年的发展史也是一部治水史。从荆江分洪工程到三峡工程，从百万移民到南水北调，背后凝聚着无数水利人的智慧与心血，也铭记着无数建设者的奉献与牺牲。在职时，他们披星戴月、筚路蓝缕，用脚步丈量江河，用辛勤铸就安澜；退休后，他们深入群众、发光发热，用文字传播智慧，用行动教育后代。他们将自己的一生都奉献给了水利事业，奉献给了心之念之的大好河山。

为了讲好中国故事，弘扬水利精神，我们在全国水利系统选取了部分老同志人生故事，汇编成《情满江河》一书。他们中有革命一生的“长江之子”林一山，有“三峡之子”郑守仁，有水工抗震学科奠基人陈厚群，有移民专家傅秀堂，还有笔耕不辍的杨光煦、热心社会公益的房玲娣……他们用一座座大坝筑起一座座精神丰碑，用一个个水库汇成一个个思想宝库。他们是无数水利人的代表，他们的事迹更是70年来水利事业蓬勃发展的缩影。

由于篇幅所限，我们无法将每一个人的事迹都汇编在册，但我们深知还有无数水利人在默默地耕耘着、无私地奉献着。他们是点点星光，汇聚成璀璨星河。也正是有了我们每一个人的兢兢业业、任劳任怨，才有了如今江河安澜、海晏河清的盛世局面。

浓浓江河情，拳拳赤子心。让我们以先辈为榜样发扬优良传统，深入贯彻落实“节水优先、空间均衡、系统治理、两手发力”的治水方针，紧密围绕“水利工程补短板，水利行业强监管”工作总基调，传承并发扬“忠诚、干净、担当，科学、求实、创新”的新时代水利精神，牢记初心使命，勇于担当作为，为水利服务经济社会发展、实现中华民族伟大复兴的中国梦再立新功。

编者

2020年3月

目录

林一山，我敬仰的高山

凌先有

20世纪80年代初期，我刚刚走出校门开始水利工作，正赶上举国上下又一轮的“三峡热”。从铺天盖地的各类文章中，我读到了林一山在20世纪50年代多次陪同国家领导人视察长江、纵论三峡工程的经典历史，读到了林一山对三峡以及葛洲坝、南水北调等重大的水利工程的独特见解，并由此开始关注林一山，关注与林一山有关的文章，追溯林一山波澜壮阔的水利人生。“林一山”这个名字渐渐在我心中开始积累，积累成一座高山，一座我敬仰的巍峨的高山。

一直以为，林一山这座高山，我只能远远地仰视。幸运的是，由于工作关系，我与暮年的林一山有了比较密切的接触，切身感受到了他在人生最后阶段的壮心与追求、沉默与思考、病痛与坚强。

一

第一次与林一山近距离接触，是在2005年7月22日。那时，我任水利部离退局副局长不久，去老部长秘书处看望和拜访老部长们。我与老部长们一一握手，并在林老身边坐下来，询问他的近况。林老微微低着头，双手抱在胸前，深沉地说：“我现在有许多事情要做，总觉得时间不够用啊。”林老告诉我，他目前正在撰写两本书，一本是《河流学》，一本是《文字学》。由于他的视力不济，只能采取口述的方式，分别由两个助手帮他完成。河流学与文字学，一个是自然科学，一个是社会科学，林老竟然能在这两个领域同时进行研究和工作，不禁令我肃然起敬。

林老着重向我介绍了他的《河流学》的思路。他说，河流的发育、河势的演变以及河流的运动机理，无不与地球的自转带来的力有关，这个力就是科氏力。对于北半球的河流来说，科氏力使其向右摆的力量比较大。河流的水力半径和坡降是一个反比关系，这是研究河流运动规律的一个重要工具。抓住了它们的关系，就把河流很多复杂变化规律找到了。每一条河流都有一个自身需要的坡降，而且河流会按照自身的规律调整自己的坡降。当河流的坡降过大，超过了它自身的需要，就必然要冲刷河岸，通过加大弯度来延长河长、减缓坡降。如果采取措施使河流的水力半径变大，坡降就会变小，这样相对冲刷力变小，河流的崩岸现象就会减少了。长江和黄河的不同，就是因为长江的水力半径大，坡降小，因而河流比较窄深；黄河的水力半径小、坡降大，因而河流显得宽浅。治理河流要因势利导，进行河势规划，从整体上把握，必须懂得河流学和河流运动规律。

那天林老用他特有的胶东口音侃侃而谈，语速时快时慢，声音洪亮而富有韵律。可以看出，他当时的身体状况不错，思维缜密而清晰，语言表达准确。在他一个多小时的谈话中，其他老部长都在静静地听着，并不住地点头。我也认真地做着笔记。

林老告诉我，为了尽快完成《河流学》，他每天清晨4点起床开始锻炼，保证一天能有更多的精力投入工作，而他已经是94岁高龄了。从谈话中我还了解到，林老已经出版了《林一山治水文选》《高峡出平湖——长江三峡工程》《功盖大禹》《葛洲坝工程的决策》《中国西部南水北调工程》《河流的规划与治理》等一系列水利著作，凝聚了他半个多世纪的治水实践和治水思想。我当时想，等我将他的这些著作收集全后，让他一一签名，留作永久的纪念，但最终没能实现，这也成为一件永远难以弥补的憾事。

当我问他需要我给予他什么帮助时，林老说等他整理好《河流学》的基本脉络后，希望部里能组织专家，开一个座谈会讨论一下，对他的《河流学》提提意见。他说："我是很喜欢听取大家意见的，过去是，现在也是。即使是反对意见也没关系，听听不同的意见，有利于坚持真理，修正错误。"短短数语，展现了林老博大的胸怀。

第一次接触，使我对林老的敬仰又上了一个新的高度。

二

2005年8月19日上午，水利部隆重举行中国人民纪念抗日战争胜利60周年座谈会。林一山是水利部为数不多的参加过抗日战争的老革命。那天林老身体状况不太好，刚刚患了感冒，正发着低烧，但他还是执意到部机关参加会议。

看着他被老部长秘书处的同志搀扶着从北楼的二楼走廊走来，我立即上前从右边搀扶着他走进北楼 207 会议室。当我扶起他的右手，心中不由得一惊。这是一只怎样的手啊！只见他的这只手从手腕处垂直折了下来，手腕的尺骨向前凸起，像一段树杈，手指柔软而温热。后来我才了解到，这只手曾在 1938 年 2 月胶东雷神庙与日本鬼子近距离战斗中，被日本鬼子的子弹击中，手腕被打掉了一半。这只残疾的手正是他当年参加抗日战争的历史见证。

我扶着他这只在抗战中被日本鬼子打残的手，走进纪念抗日战争胜利 60 周年座谈会会场。那天，林老被安排在主席台上就座，位置在汪恕诚部长和周英副部长之间。会上本来是要安排他讲话的，但考虑到他的视力和身体状况而作罢。林老戴着助听器，微微低着头，认真地听着大会上每一位同志的发言。当汪恕诚部长在讲话中说："在抗战期间，广大抗战老战士、老同志不畏强暴，不怕艰难困苦，不怕流血牺牲，前赴后继，英勇奋战，用血肉筑成了捍卫祖国大地的钢铁长城，表现了中华民族的崇高气节。"我看到林老摘下眼镜，用左手拿着纸巾揩了揩眼睛。

我能感觉到，此时的他是多么的心潮澎湃啊。林老正是在 1931 年"九一八"事变时投身到如火如荼的抗日救亡运动中的。他曾在 1931 年 10 月带头参加了去南京的请愿团，第一个跳下站台发起"卧轨事件"，要求国民党出兵收复被日本占领的失地；1935 年，他作为中共北京师范大学的支部书记，带领同学们参加了震惊中外的"一二·九"抗日救亡运动；在"西安事变"中，他给党中央写了一封长信，主张建立抗日民族统一战线。他的这封信被登在党内刊物《火线》上；1937 年 3 月，他陪同斯诺夫人一起去延安参加中央召开的瓦窑堡会议；1937 年"七七"事变后，他回到山东负责领导胶东抗日武装起义工作，先后组织领导了天福山起义、威海起义，指挥了攻占牟平、雷神庙战斗等与日本鬼子短兵相接的殊死战斗，成功地创建了胶东抗日革命根据地；1942 年，他与八路军指战员一起，四次突破日本华北派遣军总司令冈村宁次对胶东残酷的围剿；1945 年抗战胜利后，他奉命挺进东北，创建辽南革命根据地，并任辽南省委副书记兼军区政委……这些惊心动魄的抗战经历，在此时此刻，怎能不勾起他深情的回忆，拨动他激动的心弦。

会议结束后，我在扶林老走出会议室时对他说："林老，今天激动了吧?"林老连连说："激动，激动，一晃 60 年了，好久没有想这段历史了。"是啊，在林老的心中，他一直思考的是他心爱的治水事业，一直考虑着他的《河流学》和《文字学》，今天的会议，听到张季农、刘航、李端羡等几位参加抗战的老同志的回忆发言，听到汪部长富有激情的讲话，他仿佛又回到了烽火连天的抗日战争的激情岁月。我感觉他的步子比刚才来时显得硬朗、显得坚毅，脸上也有了一些红晕。

三

2006 年 1 月 18 日，距春节还有十天时间，我与长江委副主任熊铁和其他几位同志一同前往林一山家中慰问，给他拜个早年。

林老端坐在客厅中间的红色木椅上，背后是宽敞明亮的窗户，窗户左右各置一盆滴水观音，郁郁葱葱的，阳光从窗户斜射进来，硕大的叶子泛着绿绿的油光，散发着一种高雅的风韵。林老左侧的桌子上，高高地摞着五六本厚厚的红色精装的《汉语大字典》。

林老见到我们，欠了欠身，与我们一一握手，招呼我在他右侧的椅子上坐下来。我们在向他问候过身体和生活方面的情况之后，我附向他的耳边问道："林老，听说您一直在研究文字学，目前进展得怎么样啊?"

林老一提起他的文字学研究，便滔滔不绝地讲了起来。林老说，汉字结构复杂、笔画繁多，不利于国内国际各民族间的文化交流。1951 年，毛泽东主席提出要走世界文字共同的拼音方向，1958 年周恩来总理在《当前文字改革的任务》中提出简化汉字、推广普通话和制定推行汉语拼音方案的三大任务。从那时起，他开始对中国文字研究产生了浓厚的兴趣。由于全身心地投入长江治理工作，文字研究只能算作一个业余爱好。1978 年，他将自己的研究成果，写成了《关于汉字简化工作的建议》，报给中央领导同志及有关方面。他提出汉字简化的原则应该是基本保持汉字的原有特点，尽最大可能做到把结构复杂的汉字改造为结构简单的汉字，达到易学、易懂、易记、易写的目的。他认为 1977 年国家语言文字委员会推出的《第二次汉字简化方案（草案）》在汉字简化方法上是就字改字，缺乏通盘考虑。因此，他提出汉字改革需要一个总体计划，然后分期实施。他还对汉字简化工作提出了确定基本字、简化基本字、变非形声字为形声字、少编新字、字形排列等具体意见。他的这个意见得到了中央领导和有关方面的重视，1986 年 6 月，国务院批准了国家语言文字委员会《关于废止〈第二次汉字简化方案（草案）〉和纠正社会用字混乱现象的请示》，停止了《第二次汉字简化方案（草案）》的使用。从谈话中，我感到林老有超强的记忆力，很多往事的时间和情节都能记得清清楚楚，这些都是我们很多年轻人所无法具备的。

谈到兴奋处，林老叫来帮他做《文字学》整理工作的白大姐，让她拿出他最新的研究手稿送给我看。这些手稿大多是用八开大的稿纸写成的，比较成熟的稿子有《发扬汉字的优良传统》《汉字错写的纠正方法与事例》《在汉字中“两”的重要含义》《关于“兆”的系统字组合形式的见解》《“亘”与“互”的区别》《关于“族”字的纠正意见》等，还有好多文字的研究只是开了个头。可以看出，林老在文字学上不是一般的研究，而是有很深的造诣。我看了这一叠叠手稿后，问他是怎样将文字学与河流学同时进行研究，思维是如何在这两个领域交叉跳跃进行的。林老低头沉吟着说：“河流的运动是有规律的，文字学也是一条河流，是一条历史的长河，也有自己的演变规律。研究汉字，必须全面系统地研究汉字的历史演变轨迹，找出它的内在规律，研究起来也就不是件难事了。”

林老的这一席话，终于解开了我的疑虑。我明白了，为什么林老能够在河流学和文字学这两个毫不相干的领域里纵横驰骋，同时进行深入的研究，就在于他对任何事物都能善于把握规律性，这使他即使到了暮年思维依然活跃、创造力依然旺盛。林老一生的成功，这应该算作一个秘诀吧。

四

2006 年 4 月 19 日，林一山因血压高、心脏不适，住进了北京医院。没想到，这次住院就再没有出来。在林老住院的 600 多天里，我曾去看望过几十次。

在医院里，林老一天也没停止过思考。2006 年 4 月 27 日，在林老住院一周以后，我带离退局医务人员一起去医院看望他。林老坐在靠窗户的椅子上，灰白的头发向上竖起，如摇曳的火炬一般。林老精神尚好，心情也不错。我对林老说：“这次住进来，您就安心住院吧。”林老说：“住院很浪费时间，我一直在思考一些问题。”林老告诉我，他的《河流学》已经快完成了，最近一直在思考黄河治理问题。林老说，1964年年底，周恩来总理主持治理黄河的会议，他当时写了一个关于黄河治理的报告，提出治理黄河首先要解决一个认识问题。黄河不同于长江，在于泥沙太多，但不能因为黄河泥沙多就把黄河视为害河，而应该把泥沙当作财富，把黄河看成是一条宝河。应该通过渠道把黄河的水沙引向两岸贫瘠的地区，使河西走廊成为广阔富饶的地方，使华北平原成为肥沃的良田。然后，用南水北调替代黄河水源。林老告诉我，可惜这个报告后来丢失了。现在他正在回忆当时方案所写的主要内容，想将它补充到自己的《河流学》中去。

9月29日，为庆祝中国工农红军长征胜利70周年，水利部要对第一次、第二次国内革命战争时期参加革命的老干部进行慰问。我陪周英副部长来到北京医院慰问林老。我手捧一束由盛开的百合、菊花、玫瑰、黄莺、康乃馨组成的鲜花，恭恭敬敬地献给林老。放下鲜花，我又将一个印着红梅图案的景泰蓝花瓶捧到林老面前，并俯下身子一字一句地大声地为他读花瓶上的诗句：“梅红傲雪两万里，竹青亮节七十秋。”林老看不见花瓶上的梅花图案和文字，便用左手轻轻地抚摸着花瓶，嘴里喃喃地说：“好，好，红梅是坚强的，不畏严寒。”接着，林老向我们表示，他希望尽快出院，在家里用治疗仪进行治疗。他说：“我不怕死，就怕这样浪费时间，无所事事。”我想起他曾在《随想》一文中曾经说过：“一个人的一生，无论是战争年代和和平年代，要有所成就，都有冒险和牺牲的问题；只有碌碌无为之辈怕冒险更怕牺牲，但决不会有什么业绩。”在他的心里，永远澎湃着对水利、对事业的激情与执着。

对于林老想尽快出院的愿望，我曾经专门与他的主治医生交换过意见。医生说治疗仪对他目前的病情没有作用，还是在医院治疗比较安全。我知道，林老关键还是放不下他正在研究的《河流学》和《文字学》。他曾多次将协助他整理《文字学》的白大姐叫到医院，谈他思考成熟的文字研究思路和成果，并要白大姐大胆地工作，大胆地研究。白大姐当时感到，林老已经觉得自己无法完成自己的夙愿，他希望有人能够继续他的研究。

五

2007年11月30日，北京医院送来了《林一山同志病情报告》。看了报告，我的心不由一紧，沉甸甸地难受。

林老1973年因右眼脉络膜恶性黑色素瘤，在上海华东医院实施了右眼眶内容物剜除术，手术非常成功，保障了林老近30年的健康。2002年发现癌细胞转移到肝脏，考虑到林老高龄多病、免疫功能低的情况，医院没有实施手术治疗，而是采取放射治疗和化学治疗。这次住院，医院采取增强免疫功能、抗感染、保肝等治疗措施，林老曾一度精神、食欲好转。但因各类药物治疗均无法控制肿瘤生长，肝转移病灶持续进展。11月29日，CT检查显示林老右肝巨大占位病变，使腹腔脏器受压致肝脏内多发播散。此外，还发现纵隔淋巴结也有转移，胸腔和腹腔积水。林老不思饮食，进食后出现恶心、呕吐症状，并且肝、肾功能不全。医院认为林老的肿瘤已经进入了极晚期。

接到林老的病情报告，当晚我与何源满局长一起赶到北京医院看望林老。看到林老蜷曲在病床上，不停地轻声呻吟，我心里十分难受。从林老的主治大夫王医生那里了解到，医院目前对林老的治疗主要采取静脉高营养、保肝、保肾等措施。由于林老长期卧床，随时可能发生因吸入性肺炎导致呼吸衰竭、因肿瘤外压引起胃肠道梗阻、肿瘤破裂出血等严重情况，随时有生命危险。从医院回来，我立即起草了一份林老的病情报告送部领导，陈雷部长当即批示："请医院全力救治。"

得知林老病情危重，水利部领导、长江委的领导以及其他各方面的同志纷纷去医院看望和慰问，我一趟又一趟地陪同水利部领导和其他方面的领导同志去医院看望林老，多次与主治医生座谈商量对策。林老的长孙、医学博士林乐宜也从美国赶回来，与北京医院的大夫们一起商量治疗方案。大家的共同愿望是尽最大努力延长林老的生命，尽最大努力减轻林老的病痛。

12月29日上午，我最后一次去医院看望林老。当时林老已经插上了呼气机，没有了痛苦的呻吟，比前几天安静了许多。我走到他身边，俯下身子大声喊道："林老，马上要到2008年了，您一定要坚持啊！"林老没有回应，在呼气机的作用下，他的呼吸均匀而平稳。我在心中默默祈祷他能够坚持到2008年。没想到天不遂人愿，林老竟然在距2008年还有33小时的时候突然离去。12月30日15时，我接到林老儿子林平的电话：林老去世了！去世时间是12月30日14时55分。我立即从北京燕郊赶回来，陪同陈雷部长、周英副部长、蔡其华主任和有关方面的领导同志赶到林老家中进行慰问，商谈后事。在林老生命的最后阶段，我几乎天天去医院看望他，可就在他去世的当天，我却没能在他身边，这使我一直感到很愧疚。

那几天，悼念林老的电话源源不断，唁电如雪片一样从各地飞来。中央领导同志们分别打电话表示哀悼并送了花圈。以不同形式表示哀悼的，既有全国水利系统各个单位及其领导和同志们，也有国务院其他部委和地方政府部门及其领导和同志。大家都为我国水利界失去一位杰出的老领导、老专家表示深深的悲痛。

2008 年 1 月 7 日上午 11 时，林老遗体送别仪式在八宝山第一告别厅举行。告别室里庄严肃穆，哀乐回荡，数百只洁白的花圈环绕于大厅内外。林老静卧在灵台上，身上覆盖着鲜红的党旗，郁郁葱葱的绿叶簇拥着他，白色、红色和黄色的鲜花环绕着他。我站在大厅门口迎接着每一位前来悼念的领导和同志们。水利部领导、老部长及部机关和直属单位的领导和同志来了，长江委的各级领导和众多的老领导、老同志来了，有关部委和省市的领导和朋友来了。大家都来为林老送行，表达自己崇高的敬意，寄托自己无限的哀思。

1 月 8 日，我与几位同志陪同林老的子女一起，从八宝山殡仪馆取出林老的骨灰，护送到八宝山革命公墓，安放在东一室 96 号位置，而林老去世正好是 96 岁。这大概是冥冥之中的一种安排，意味着林老将会永久地留在人们的心中。

林一山去了，但他这座高山，将永久地在我心中高高地耸立。

国之重器有巨匠

——长江水利委员会原总工程师郑守仁先进事迹

杨　莹　周长征

有人说他是"三峡之子"，有人称他是"当代大禹"，有人赞他为"工地院士""水利工程师的标杆"。55 载以水利工地为家、9000 多个日夜守护三峡大坝、两次患癌仍坚守三峡工地……他早已把自己的生命和三峡融为一体！他，就是长江水利委员会原总工程师、三峡水利枢纽工程设计总工程师、中国工程院院士郑守仁。

一、一生治水：不居功，不争名，始终以党和人民的事业为己任

1940 年，郑守仁出生在安徽省颍上县淮河边的小镇润河集，"大雨大灾，小雨小灾，无雨旱灾"，他的童年饱受淮河水患之苦。1948 年冬，家乡解放，淮河沿岸在毛泽东主席"一定要把淮河修好"的指引下，开展了大规模的治淮工程建设，在郑守仁家乡修建了润河集水利枢纽工程，这是淮河上修建的第一座水利枢纽工程。郑守仁亲眼看到了这座治淮工程建设的过程，深刻感受到中国共产党领导人民治理淮河，变水害为水利，为民造福的伟业。他下定决心：长大了也要献身祖国的水利事业。1963 年，郑守仁从华东水利学院河川枢纽及水电站建筑专业毕业，分配到长江水利委员会工作。从此，他的脚步从陆水到乌江渡，从葛洲坝到隔河岩，直至三峡，一生与水利结缘。

郑守仁从事水利工程设计 55 年，1997 年当选中国工程院院士，负责的工程设计项目荣获国家科技进步特等奖和一等奖各 1 项、二等奖 2 项；国家优秀

设计金奖 2 项、银奖 1 项；省部级科技进步特等奖 1 项，一等奖 4 项；发表学术论文 50 余篇，出版专著 6 部；荣获全国“五一”劳动奖章、先进工作者、何梁何利基金科学与技术进步奖、钱正英奖、湖北省科学技术突出贡献奖、省部级劳模、湖北省优秀共产党员、有突出贡献的中青年专家和优秀科技工作者等众多奖励和荣誉称号。

其工匠精神获国际大坝委员会高度赞誉，2017 年 7 月，荣获国际坝工界最高奖项——国际大坝委员会终身成就奖。

二、三峡脊梁：创新引领，攻坚克难，带领设计团队攀登世界大坝建设高峰

郑守仁在条件异常艰苦的情况下，担负起葛洲坝导流围堰和大江截流设计的重任，提出“钢筋石笼”龙口护底方案，大大减少进占抛投料的流失，实现人类首次腰斩长江，世界为之震惊！

1994 年，郑守仁全面负责三峡工程设计工作，主持、研究工程建设过程中所有与设计有关的技术问题。为打好“右岸一期土石围堰优化设计”这一进军三峡的第一仗，郑守仁和团队扎根现场，反复研究、试验，提出了“排淤挤淤”的设计方案和“内堵外排，保留粉细砂”的处理方案，保证了一期围堰的顺利建成，其基础处理及施工方法优化研究更达到应用技术领域国际先进水平，节省投资近 6000 万元，工期提前 10 个月，为三峡工程大江截流奠定了坚实的基础。

1997 年的大江截流是在葛洲坝工程形成的水库中实施的，水深达 60 多米，超出一般特大型工程截流水深的两三倍，江底还有 20 多米的松软淤沙，截流难度之大，世所未有。面对难题，郑守仁集中群体智慧，首创“人造江底，深水变浅”预平抛垫底方案，保证了大江截流顺利实施。

2002 年的导流明渠截流流量大，落差高，龙口合龙单宽能量世界第一，江底为人工开挖修整形成，平整光滑，综合难度世所罕见。截流前，郑守仁花了两年时间，通过水工模型反复试验和比较研究，提出双戗截流、分担高水头落差的良方，采用“江底加糙”、上下游围堰同时进占等重大技术措施，确保了截流顺利实施、一举成功！

三次挑战截流长江这一世界难题，郑守仁都是在工地上发现问题、研究问题、解决问题。他夜以继日奔走在工地上，不辞辛劳地主持着一次次技术讨论，事必躬亲地总结着一项项技术资料。风雨无阻，节假无阻，病痛无阻！2500多次的现场讨论，6800多万字的会议纪要，500多期的工作简报。一个个直击心灵的数字铸就了举世震惊的三峡工程！

三、大国工匠：持之以恒、敢于负责，始终对工程质量一丝不苟

三峡工程的质量是千年大计，作为总工程师，郑守仁把周恩来总理“战战兢兢，如临深渊，如履薄冰”的谆谆教诲镌刻在心里，把工程质量看得高于一切。

对每一块大坝基础、每一项分步工程、每一次工程验收，郑守仁都严格把关，一丝不苟。当他看到多头转包、施工质量没有保证时，奔走呼喊，直抒己见，不怕得罪人。工程验收尤其是三峡工程重点部位的基础验收，郑守仁必到现场，丁是丁，卯是卯，凡不符合设计要求的地方，绝不“少数服从多数”。对发现的工程质量问题，除了向各有关单位反复强调进行处理外，他还提出技术处理措施补救，坚决不留隐患。在郑守仁主持的优化设计下，仅主体工程就节省混凝土100多万立方米，节约投资3亿元。

提起三峡工程的质量，郑守仁自豪地说：“三峡工程稳定运行了十几年，没有出现过质量问题；大坝靠近坝基的最低一层廊道我们可以穿着布鞋进去，右岸大坝400多万立方米混凝土没有出现裂缝。”

四、不忘初心：牢记誓言、淡泊名利，始终践行水利行业精神

55年来，郑守仁不忘初心，始终践行着入党誓言。日复一日、年复一年，他的生命与大坝、与水利紧紧地连在了一起。女儿出嫁的日子，他没能到现场送去祝福。但他把自己的大爱贡献给了热爱的事业和亲爱的同事：奖金、稿

费、讲课费，如数捐出，捐款的汇款单上只写着——“长江委一职工”。郑守仁在三峡坝区的家——两个小房间，分别只有十几平方米。卧室里，摆下一张床后，空间就所剩无几，一张桌子、一个简易衣柜，就把逼仄的余地占据，桌上摆满了瓶瓶罐罐的药。身为院士和领导，他坚持和普通员工吃一样的食堂三餐。除了在办公室，他最常去的就是工地，即使是除夕夜也雷打不动。他患有肝病和高血压，但为了方便工作，他拒绝住院治疗，长期靠安眠药入睡，但即使吃两三粒仍只能睡两三小时。

长期驻守工地，极为简陋的生活方式，超负荷的运转让郑守仁积劳成疾。2005 年 8 月，郑守仁因癌症住进医院。术前的一个双休日，趁医生不在，他却从医院跑回三峡工地，要求千方百计做好混凝土的温控防裂工作。2015 年，郑守仁不幸又患了另一种癌症，术后至今仍每三个月去医院做治疗。即使退休了，他仍带癌坚持工作，或参加三峡有关技术咨询研讨，或辗转重点工程工地进行技术把关。

名和利，郑守仁视之为过眼云烟。对于荣誉，他总会说：“这不是个人的功劳，而是群体的功劳，领导这么信任我，让我负责这项工作，责任是主要的，经济上的需求是次要的。我们搞技术工作的会把这些东西都看得比较淡薄一些。”

今天，79 岁的郑守仁仍抱病坚守三峡工地，争分夺秒地忙碌着整理总结三峡工程有关资料，230 万字的《长江三峡水利枢纽建筑物设计及施工技术》已由长江出版社出版，200 多万字的《长江三峡工程关键技术研究与实践》初现雏形。熟悉郑守仁的人知道，他，正在跟时间赛跑！他，正拼尽全力，续写不变的忠诚与担当！

用初心筑稳每一座高坝

——记我国水工抗震学科奠基人陈厚群

中国水利水电科学研究院

陈厚群，1932年5月出生，1958年参加工作，1956年加入中国共产党，我国水工抗震学科奠基人，国际知名水工抗震专家，中国工程院院士。

致力水工抗震研究60年，带领团队从追赶、跟跑、并跑到引领世界；主编首部水工抗震国家标准，应用于国内所有高坝抗震设计；建成世界先进水平的首座三向六自由度宽频域振动台；第一时间奔赴唐山等强震现场，为国务院决策提供重要技术支撑；耄耋之年出任三峡工程质检专家组组长、南水北调工程专家委员会主任，为发挥国之重器战略作用贡献力量。

堪称爱国敬业、淡泊名利、为人谦逊、注重团队的时代楷模，获国家和省部级科技奖30多项，被授予全国先进工作者、全国五一劳动奖章、全国水利系统特等劳模、国际大坝委员会荣誉奖等。

不是学抗震出身的抗震大咖

“我是从事水工抗震科研工作的，但我在学校却从未学过什么‘抗震’。”1958年，陈厚群以5A全优的成绩毕业于莫斯科动力学院水电专业。这一年，百废待兴的中华人民共和国正处于建设时期，中国水利水电科学研究院应运组建。26岁的陈厚群带着满腔的热情和憧憬加入了这个国家级水利水电科研机构。

“1961年新丰江大坝发生了地震，大坝需要抗震加固，院、所领导要我组建‘抗震组’进行研究。那时，我对抗震这个学科可说是一窍不通，连一些最基本的概念也搞不清楚。但既然是工作需要，就有了刻苦学习的最大动力。”

少年时颠沛流离、居无定所的日子激发了他的赤诚初心——报效祖国：从清华到莫斯科，从唐山到汶川，从三峡到南水北调，他承担了国内所有超过150m以上的高混凝土坝抗震研究，将论文写在祖国的江河湖泊、高坝大库，不论风华正茂还是风霜染鬓，这初心，他一直在坚守。

温润君子也“倔强”

“谦谦君子，温润如玉”“陈院士很谦虚低调”，几乎所有与他接触过的人都会这么评价。1995年当选工程院院士，而他却说：“当选院士，只是说明过去努力工作，在某个专业方面取得的成果为同行所认可。但这只是过去的事，我自己，只是一个一直在科研第一线做具体研究工作的科技人员。”“院士”头衔对于陈厚群来说不是能够沾沾自喜的资本，而是激励他攻克下一个抗震难关的动力。

如果说江南水乡的灵秀之美给了他温润的性格，那么深厚的家国情怀和奋进的科学精神则给了他坚定不移的内在品质。

“他很有自己的原则和担当。”与陈院士一起工作了十多年的汪易森教授回忆道，“两年前我和他一起去山东出差，我们一周跑了7个地方，80多岁的人在工地上爬上爬下不要任何人的帮忙。回到北京以后又立刻参加学术会议，就这样一直工作着。”对于陈院士取得的成就，妻子于岩总结了三点：“一个是他有责任心，一个是他真的喜欢，一个是有一套自己的方法。”

陈院士一直坚持着工作就要热爱，就要钻研，做到“什么也不耽误，一个都不能少”。即使一个问题要研究很久，也一直坚持着把它完成。如果涉及其他学科，他也会潜心自学或向他人请教，最终运用到自己的研究成果上。

参加工作之初，项目涉及使用计算机进行大规模计算的情况，他仅用6个月就自学了编程并运用在抗震设计中。一直以来，他和他的团队从未停止对这一方向的研究和探索。就在2018年，团队自主研发的高性能并行“云计算”大坝抗震分析软件，获水利水电行业唯一国家超算天津中心“天河应用创新优秀奖”。

随着国际学术交流的日益频繁和学科知识的高速发展，他从未间断学习英语，还辅修过德语和日语。抗震中心主任胡晓说："20 世纪 80 年代我刚刚来水科院，经常看见陈院士在食堂打饭也拿着英语单词在背，那时候他已经 50 多岁了，真的很令人敬佩。"几十年来，陈院士既有在美国工程公司工作的经历，也主持完成了中美大坝抗震长达 20 年的科研协作项目，他长期活跃在国际大坝委员会、世界地震工程学会的专家舞台，在各类国际学术活动中不断发出水工抗震领域的中国声音。2011 年，他荣获国际大坝委员会荣誉奖。

在中国水利水电科学研究院北院的一间不大的办公室里默默工作了一个甲子的陈院士，怀着对科学的执着追求，从一张白纸到国际领先，他带领团队始终奋斗在科研一线，不仅为中国，也为国际水利水电发展奉献着力量。

国家的事情，再小也大

陈院士和妻子于岩都是留学苏联的知识分子，他们对时代的发展变迁有着最深刻的体悟。"厚群常说，国家的事情，再小也大；自己的事情，再大也小！所以在工作中，只要组织给自己的任务就一定要好好完成。"于岩十分理解并支持陈院士的工作，二人都在各自的岗位上践行着一生的不懈追求。

"地震就是命令"，这是陈院士常常挂在嘴边的一句话。中国两次特大地震，都有他和团队的身影，为国务院的决策提供着关键技术支撑。

1976 年唐山大地震，北京也震感强烈，妻子出差在外，他把两个孩子托付给邻居后立刻赶往单位，乘军用直升机直奔陡河水库震害现场，连夜起草报告上报国务院。

2008 年汶川大地震，已经 76 岁的陈厚群院士虽无法第一时间赶往现场，但在两个月后亲身前往灾区勘查水利工程的抗震情况。作为国务院汶川地震抗震救灾专家委员会成员，他先后前往汶川灾区 4 次，在深入调研分析基础上，科学阐明汶川地震与紫坪铺蓄水、三峡蓄水无关。而且，由陈院士和其团队负责的大坝工程，在地震过后依旧完好，没有一座垮坝，也证明了陈院士理论研究的成功。在 2018 年汶川地震十周年"高坝大库抗震国际研讨会"上，他再次受邀作主旨报告分享最新研究成果。

2012 年，早可以安享晚年的陈院士受命担任三峡工程质量检查专家组组长和南水北调工程专家委员会主任。那一年，他 80 岁。此后，50 多次现场勘查，数百次会议报告，他都工作在最前线，提供关键的技术咨询建议，为了国家重大水利工程忙碌奔波。其中仅三峡升船机的抗震设计等级一项建议，就为国家节省十几亿元。

追梦不止

“世界是你们的，也是我们的，但归根结底是你们的”，在莫斯科现场聆听毛主席这段著名讲话的当天，恰巧也是陈厚群转正成为中国共产党正式党员的日子。60多年来，陈院士始终坚守一名普通科研人员和共产党员的初心。国家动荡时心怀为中华民族崛起而读书的信念，出国留学时更是全心全意为报效国家努力学习，在中国需要抗震人才时义无反顾转行投身水工抗震事业直至今天。他共获国家和省部级科技奖30多项，被授予全国先进工作者、全国五一劳动奖章、全国水利系统特等劳模、国际大坝委员会荣誉奖等。

“爱国是动力，敬业是前提，学习是基础，思考是关键，实践是根本，团队是依托。”陈院士在与青年科研人员谈心时这样总结自己60余年的科研感悟。他不仅身先士卒，更甘为人梯、奖掖后学，在他的引领下，中国水科院培养了大批水工抗震科技人才。作为爱国敬业、淡泊名利、为人谦逊、注重团队的时代楷模，他至今“仍未敢懈怠”，不遗余力地为“建设一个伟大强盛的祖国”“努力全心全意为党的科技事业作奉献”，正如他自传的标题：追梦人生。

岁月不居，科学的精神和伟大的梦想却在俯仰之间深沉流淌，青年至暮年，一代又一代。

倾情为水利　大爱驻人间

——深切怀念黄友若老部长

凌先有

从日本投奔延安

很早就知道水利部老部长中有一位曾经留学日本的，名叫黄友若。他做水利部副部长时，我还是一名基层水利单位职工。年龄、辈分、职级都差距很大，不可能有接触的机会。到我能够与他近距离的密切接触时，他已经是一个离休多年的年过 85 岁的老人了。第一次见到黄友若，是 2005 年 7 月下旬的一个上午，我任离退休干部局副局长不久，去看望参加老部长党支部集体学习的老部长们。学习结束时，我送老部长们乘电梯到地下车库。在等车的时候，我冒昧地问起黄友若留学日本的事儿来。黄友若嘿嘿一笑说，我哪里是叫留学啊，我在日本完全是一个工人哦。他的普通话中带有明显的湖北口音。

黄友若告诉我，他 1919 年腊月十五生于湖北省枣阳市新市镇杨庄。小时候家境不错，祖父母都深怀民主思想，支持子女投身革命。他的叔叔、姑姑都是当地著名的共产党人，曾被党组织派往苏联学习。他 12 岁时离开家乡到山东泰安孤贫院学技艺，一年后从青岛乘日本客货两用船东渡日本。他不是去留学，而是去中华留日学生青年会打工的。他先在厨房当勤杂工，也帮留学生油印教材。工余时间，报了一个日语班学习日语，还经常参加青年会的座谈会，听当时在日本的郭沫若等共产党人的演讲。当听到日本侵略者在中国的土地上烧杀抢掠，自己的同胞在受难时，他哪里还有心思在日本度日，一心想尽快回到祖国，参加抗战。他对我说，那时，他才叫真正的是“身在曹营心在汉”啊。在日本的两年半时间里，他无时不刻地想着受苦受难的祖国和人民，向往着能够尽快踏上祖国的土地，尽快投奔延安，投入到抗日的洪流中去。

在随后接触的时间里，黄友若向我讲述了他回国后的经历。黄友若依然清晰地记得，他是在“七七事变”后的1937年8月3日从日本横滨码头踏上回国客船的。在上海登岸之后，回了一趟老家，然后径直到汉口找到八路军办事处，提出坚决要求去延安的请求。凭着八路军办事处的介绍信，他在山西穿上了梦寐已久的八路军军装，搭车从洪洞县到达临汾，再徒步到黄河渡口，乘坐一条人畜共用的小船渡过黄河。由于黄友若懂日语，到达延安后，他被分配到中宣部参谋训练班教日语，并做日军俘虏的管教工作，书写印刷对日军宣传的各种宣传品。随后，他参加了抗日军政大学第四期的学习，并在抗大光荣地加入了中国共产党。在历时8个月的学习中，他系统学习了哲学、政治经济学、合同战术、地形测绘、战术序列等课程，听取多位中央领导同志的报告。抗大学习结束时，他坚决要求到抗日前线去打鬼子。

抗大毕业后，黄友若被分配到新四军游击支队，离开延安，奔赴抗日前线。他曾参加与日伪军真刀真枪的十多次大小战斗。之后被分配到115师344旅敌工科工作，因为他懂日语，领导还是让他来做对日军的宣传和对日军俘虏的管教改造工作。

后来，也是因为他懂日语，部队首长让他从解放区打入敌占区，开展抗日救亡工作。由于他出色的才能，他被任命为冀鲁豫敌占区工作团团长，建立地下交通线，打破被日寇切割的太行、泰岳、冀南和冀鲁豫各个根据地的联系。抗日战争期间，这4条交通线共掩护我党干部、军人、青年学生约1.6万人次过境，传递文件、情报数百次，还培养了一大批优秀的红色交通员，为抗战胜利做出了巨大的贡献。

抗战胜利后，黄友若被任命为冀鲁豫大军区情报处副处长，后来又任处长，参加了著名的邯郸战役、淮海战役、济南战役，并随五兵团挺进大西南，参加了解放云贵川的战役。黄友若在部队上很有动员能力。在进军贵州时，黄友若先给大家讲了黔驴技穷的故事，把大家逗乐了，然后给大家讲贵州种种好处，比如遵义会议在贵州遵义召开等，增强了部队解放贵州的斗志。由于他有力的动员，战士们在战斗中一个个犹如猛虎，将盘踞贵州的国民党军队当成黔之驴，日夜兼程地追击，以排山倒海之势各个击溃。

2015年9月2日，在中国人民抗日战争暨世界反法西斯战争胜利70周年之际，我陪同蔡其华副部长到北京医院，当场为黄友若佩戴上由中共中央和中央军委颁发的“中国人民抗日战争胜利70周年”纪念章。我当时附在他的耳边问他，您参加过那么多战役，就真的不怕牺牲吗？黄友若半晌没有说话，好像陷入了遥远的深思，最后才缓慢地说了一句：“先天下之忧而忧，后天下之乐而乐。”我们大家都向他竖起了大拇指，真诚地为他点赞。

从交通运输到水利建设

黄友若清楚地记得，他们是1949年11月14日解放贵阳的。贵阳解放的第三天，省委组织部就派他到贵州省军管会建设接管部工作。他被任命为公路管理处副处长，随后又任交通厅副厅长和厅长。他接管的是公路、运输机构及其附属的工厂、场地、仓库物资和全部人员，机构庞杂、人员众多。当时的公路只有湘黔、川黔、滇黔及贵阳至广西金城连接铁路的干线，这些道路坑洼不平，还遭到国民党反动派撤退时的严重破坏。在贵州交通厅的八年中，他带领大家在“连峰际天兮，飞鸟不通”崇山峻岭中修公路、建桥梁、打涵洞，使贵州交通事业得到很大的发展。

有一次在陪黄友若疗养时我问他，您在交通厅干得这么好，怎么会到水利部门来呢。“晴天霹雳”，他说出这四个字时当时吓我一跳。他说是的，当时省委决定任命他为贵州水利电力厅党组书记、厅长时，他感到的就是晴天霹雳。因为贵州解放后的交通事业是他带领大家一手发展起来，感情很深，而水利电力对他来说是门外汉，挑战太大了，心里吃紧得很，他怕他担不起这一重担。

黄友若上任的贵州水利电力厅，是刚刚由省水利局和省电力局合并成立的，他其实又是一次“接管”。但他说他很幸运，因为在他上任后，水利电力部刚好下放了30多位技术干部，他们大多是在“反右”斗争中被戴上右派帽子下放到边远的贵州来的，都是水利电力方面的专家和技术骨干。当时任水电部部长刘澜波来贵州视察时对下放这么多右派到贵州对黄友若表示歉意时，黄友若却对刘澜波表示感谢。他说现在贵州水利电力人才奇缺，目前正是用人之际，这些“右派”分子，对贵州来说是雪里送炭，正好解决了贵州水利水电技术人员严重短缺问题。黄友若在工作中大胆启用这些“特殊”人才，使他们在贵州猫跳峡水电梯级开发中发挥了重要的技术支撑作用。从他上任到1964年，全省建成了清镇、贵阳、遵义等电站，猫跳峡水电梯级开发效果显著，水电火电装机容量由他上任前的 1.3 万千瓦增加到了 22.4 千瓦，极大地促进了贵州工农业的发展和人民生活水平的改善。

从长江规划到三峡开发

“电闪水鸣忆君勤，黔山风雨廿六春。为展祖国宏图志，万里长江更需人。”这是诗人田兵在黄友若从贵州调往长江流域规划办公室工作时写给他的送别诗。

1975 年 12 月，黄友若阔别自己战斗了 26 年的贵州，来到武汉，任长江流域规划办公室副主任兼第二书记。长江流域规划办公室主任林一山亲自到火车站迎接他。上任伊始，黄友若沿长江中下游进行考察，协调省际水事纠纷，并带队考察了长江源头的水文地质、河流湖泊、冰川地质等情况。正当他谋划着如何熟悉长江、规划长江、开发利用长江，使长江更好地造福沿线人民的时候，他接到中组部的调令，调他到水利电力部担任水利部党组成员、办公厅主任。1981 年，黄友若被任命为水利部副部长。随后，他以水利部副部长之职，只身来到长江流域规划办公室任党委书记、主任。由于家属留在了北京，他在武汉吃住都在办公室，白天开会或视察工作，晚上看文件资料或与职工谈话，经常要工作到深夜才能休息。

黄友若曾对我说，人这一生，当什么官、有什么头衔都不重要，关键是要能为国家、为人民干出几件像样的事情来。他第二次来到长江，正赶上长江三峡工程进入规划和论证的紧要时期。为此，他率领长江流域规划办公室的专家们，对三峡地区的地形地貌、航道运输及移民情况进行了全面考察，组织人力集中开展三峡工程的可行性研究，并于 1983 年 5 月上中旬参加了国务院三峡工程可行性报告审查会。不久，国务院成立三峡工程建设委员会，黄友若出任办公室主任。他组织起草了《三峡水利枢纽可行性研究报告》，经国务院原则批准后，他亲自来到成都，向四川省委通报关于三峡工程筹备工作的情况以及三峡工程可行性报告的主要内容。回到武汉，黄友若召开党委扩大会议，专题讨论关于加强三峡工作设计决议，他在会上号召长江流域的干部职工要集中优势，打好三峡工程这一仗。

1986 年，水利电力部成立了三峡工程论证领导小组，黄友若为领导小组成员兼副秘书长及办公室主任。领导小组组织了14个专家组，论证修改原来的三峡工程可行性报告，对三峡工程的地震地质、水文、泥沙、机电设备、电力、防洪、航运、施工、枢纽建筑物、水位、投资估算、移民、生态环境、经济综合评价等进行全面论证，重点聚焦三峡工程大规模移民的可行性和从移民角度确定三峡工程的水位两个问题。黄友若作为专题主持人之一，多次对三峡工程进行考察论证，并陪同中央三峡工程协调小组成员查看三峡实验场模型、三斗坪坝址等，协助完成了《关于长江三峡工作的调查报告》。在三峡工程开工前的20年时间里，黄友若为三峡工程的规划论证倾注了大量心血和汗水。他常对我说，人生其实很短，干不了几件事情，如果能参与和干成几件对国家和人民有益的事情，死而无憾。

每当谈起三峡工程，黄友若的自豪之情溢于言表。当三峡工程建成即将蓄水发电之时，已年过八旬的黄友若激动得不能自已，当即写下了一首七言绝句："西江石壁高千仞，长江成湖鉴古今。洪魔难捲滔天浪，神女笑吟世纪新。"

从政策研究到情系移民

黄友若从水利部副部长岗位退下来之后，水利部党组任命他担任水利部政策研究中心理事长，兼政策研究中心主任。黄友若充分发挥他的经验优势和智慧优势，开展电价、现代管理与体制改革、水库移民、水法研究及水利史志等工作。他先后在安徽省六安市主持召开了全国江河水利志编写座谈会、在山东省烟台市主持召开了移民工作会议，全面铺开水利各项政策研究工作。

在黄友若心中，最让他牵肠挂肚的是水库移民。作为国务院三峡地区经济开发办公室副主任，黄友若把主要精力集中在指导和帮助三峡地区经济开发和移民试点上。中国水利水电出版社曾出版了他近20万字的《水库移民文选》，汇集了他的研究论证报告、汇报及讲话发言等。他在《关于解决丹江口水库移民办法的建议》中提出了解决移民遗留问题、修订枢纽运行技术参数、提高综合效益和改进管理工作、增加装机提高电站效益的意见，得到了国务院的高度重视和批复。他在深入三峡库区反复调研的基础上，写出了《关于三峡移民政策和组织机构方案的意见》，为水利部党组提供了重要的决策依据。在《变开安置性移民为开发性移民》等多篇课题研究中，他提出了一系列解决水库移民的主张，如扶持移民资金来源要多渠道、多方集资、广开财源；移民遗留问题应分级负责处理；兴办移民经济实体是深化改革移民工作的必由之路；分类分批处理移民问题；水库移民要立论、立法、立位等。黄友若在移民工作理论和实践方面在当时都是具有开创性的，许多研究成果和工作实践不仅在国内上取得成效，而且在国际上也得到很高的评价。

黄友若对移民工作深怀感情。1990 年在重庆市万县召开的三峡库区移民安置经验交流会上，黄友若深情地说："我已古稀之年，对三峡有深厚的感情，对从事三峡工作的同志也有一种特殊的感情。对长江流域的山山水水、流域内的人民群众和经济建设、对流域各级领导在配合工作中的友好合作，都有深厚的感情和良好的记忆。"1992 年在贵州省召开的全国水利志研讨会上，黄友若做了《关于编撰水利移民志问题》的专题讲话。他在讲话中指出，水利建设取得的成就，是和移民群众利益服从整体利益、所做出的奉献分不开的，我们不能忘记他们，也不能忘记几十年来配合水利工程建设、任劳任怨、辛勤工作的广大干部。因此，黄友若建议在各流域江河志、各省水利志的体例中，列出移民专志或者专篇、专章。

人寿品自高，人间留大爱

黄友若一生征战，抗日本，打国民党反动派，搞交通，建水利，促三峡，安移民，经历丰富。2012 年，他完成了《黄友若回忆录》，专门送了我一本，并在扉页上亲笔写上了"先有同志留念，黄友若，2012 年"，笔力遒劲，很有功力。对他奋斗和光辉的一生，我充满了敬仰之情。2015 年 2 月 15 日，在他 95 岁生日那天，我陪同蔡其华副部长去医院为他祝寿。在他的病床前，我与蔡部长同时伸出双手，紧握四指，竖的起大拇指形成一个 V 形，学着中央电视台《出彩中国人》节目中的招牌手势和口号，对着黄友若说："出彩中国人，精彩中国梦。黄部长，出彩！精彩！"斜靠在病床上的黄友若也学着我们的手势对着我和蔡部长，笑得很开心，样子很慈祥。

2017 年 3 月 13 日，我正在主持召开离退局党委会，北京医院打来电话，告诉我黄友若病危。我心里一紧，立即中断会议，与李昌凡老部长一起第一时间赶到医院。在病房里，黄友若已经插上了氧气，呼吸很艰难。我附在他耳边大声地对他说："黄部长，我们来看您来了。"但此时，黄友若再也无法听到我们的呼叫声了。主治医生告诉我，黄友若心肺功能呈现不可逆性衰竭，血氧、血压常出现危险性波动，有血性胸水。上午突发血压降低，呕吐物误吸到气管，导致呼吸困难，血氧下降，病情危重。我将这一情况告诉陈雷部长，陈雷部长尚在国外，他委托叶建春副部长代他去医院看望。于是，我下午又陪叶部长去医院看望了黄友若。

2017 年 4 月 13 日 21 时 55 分，黄友若因重度肺炎导致深度休克，在北京医院逝世，享年 97 岁。在与家属谈后事时，黄友若夫人告诉我说，黄友若生前多次谈到，他最不希望死后搞任何仪式，给组织和领导添麻烦，要简简单单地回归自然。家属根据黄友若生前遗愿，没有在八宝山举行告别仪式，只是在北京医院举行了一个家庭式的送别仪式。中央有关领导和水利部、国务院三峡办等众多单位和领导都以不同方式对黄友若的去世表示了哀悼之情。陈雷部长、田学斌副部长等水利部领导专程到黄友若家中，对黄友若逝世表示哀悼，对家属表示慰问。我也当即写了五言绝句表达对黄友若老部长的哀悼和敬仰之情："投笔奔延安，抗敌勇克难。倾情为水利，大爱驻人间。"

（本文先后刊登于 2017 年 5 月 11 日《中国水利报》、《大江文艺》2017 年第 4 期、《中国老年》杂志 2017 年 6 月下半月版，有删改）

上善显厚德　大爱暖人心

——深切怀念敬正书老部长

凌先有

接到敬正书老部长逝世的噩耗，我不到十分钟就赶到了医院。抓着他依然温热的手，不禁悲从中来，不能自已。就在十多天前，我曾陪同陈雷部长去医院看望他。他见我们走进病房，立即下床与我们握手，并坐在沙发上聊了半小时，临别时还微笑着将我们送到病房门口。没想到他已溘然长逝，让人无法接受。

他非常重视水利系统队伍建设。2004 年年底，我负责为他起草在全国水利厅局长会议上的讲话，主题是“加强水利系统队伍建设，促进水利可持续发展”。我提前列出了一个提纲，送给他审阅。他认真地看了我写的提纲，抬起头来对我说，你参加了大半年的全国水利系统队伍建设情况调研，对水利系统队伍的现状分析得不错，但对今后如何深化水利改革、增强队伍活力，措施上还缺乏高度和力度。接着，他饱含深情地说，水利系统的职工队伍是推进水利改革与发展的决定因素，贯彻中央治水方针和部党组的治水思路、全面推进水利可持续发展，关键是要培养和造就一支高素质的水利队伍。我根据他的思路，完成了初稿。第二天是星期六，我将初稿送到他家中。他边看边不住地点头。看到最后一部分，他说，水利队伍最让人忧心的还是基层领导班子专业素质不高、水利人才缺乏问题，要努力争取落实相关政策，比如向财政部门汇报和争取落实水管单位“两费”的政策、与地方教育部门或院校联系争取定向招生的政策，再比如争取事业单位养老保险入门时“视为缴费年限”的政策等。当他得知我为了写这个稿子一夜未眠时，催促我赶紧回去休息。星期天一大早，他约我再次到他家中，继续对稿子进行修改和完善。他说他昨天晚上一直在思考，觉得基层水利队伍建设是我们整个行业队伍建设的重点，也是难点，要逐步改善基层水利职工办公和生活条件，多渠道解决目前存在的部分职工工资拖欠问题、社会保险等问题，努力改善贫困职工的生活状况，多做暖人心、稳人心的工作，形成鼓励人干事业、支持人干成事业、帮助人干好事业的行业环境。他的这些话，包含了对水利基层职工队伍深切的关爱和拳拳之心。

他总是以一颗真诚的心，深切地关怀每一个他能接触到的干部职工。记得2008年初，当时他已经从副部长岗位退下来，担任中国水利政研会、文协、体协三个协会的会长和理事长。我陪他去贵州省安顺市参加中国水利体协理事会议。会议结束时，他对我说，部机关有两位干部分别在毕节市和铜仁市挂职，在基层工作很不容易，应该去看看他们。于是，会议结束后，我陪他一起从安顺市出发，沿着崎岖的山路，向毕节市行进。一路上，他深情地向我回忆起他在基层工作的非凡经历。他说他大学毕业后，分配到四川省中江县龙台区农技站当了一名技术员，从事农业技术试验、示范和推广工作，后来又在南渡、仓山等区乡工作，还在西藏自治区八宿县挂职两年。挂职结束后，又回到四川省中江县，后来到了德阳市工作，才一步步走到四川省和水利部的领导岗位上来。当他得知我曾在水文站、水文总站等水利基层单位工作过时，便侧过脸来，用异样的目光静静地看了我一会说，你大概是水利部机关少有的从水利最基层的单位走上来的司局长吧。他接着十分感慨地说，基层工作的经历最艰苦，但也最难忘、最难得，对一个人的成长也最重要。那一次，他一路颠簸，从贵州省西部的毕节市到东部的铜仁市，看望了两位挂职干部，详细了解了他们在基层的工作和生活情况，勉励他们多向基层学习，多向基层干部学习，多在基层增长才干。正因为他有多年艰苦的基层工作经历，才使他对在基层工作的同志多了一份深情和厚爱，对他们的工作和生活充满了关切和关怀之情。

他不仅自己真诚地关心干部、爱护干部，也谆谆教导我用真心真情去对待老同志，真心真情地对待自己的部下和同志。2012年1月，我去他办公室看望他，当面向他祝贺生日。我送给他的生日礼物是我写给他的一首诗："四川南部有龙生，深入中江始为农。雪域高原经洗礼，德阳市委政声宏。巴蜀水电掀激浪，天府勤民荡美名。踏上京城新世纪，神州水利建丰功。全国政协商国是，协会领军聚精英。锦绣胸怀多才艺，潜心书道乐无穷。回眸凝望江河路，人水和谐情意浓。但祝人生从头越，无疆福寿傲劲松。"他看了之后用深邃的目光注视着我说，一首诗写了我一生啊！精神的礼物比物质礼物好，物质有价，精神无价。他话题一转，严肃地对我说，你现在是一把手了，一把手最重要的工作是要用好干部，要关心干部、爱护干部、发挥各方面干部的作用，只有这样，才能更好地为老同志做好服务工作。后来，他也送了我一份礼物，是他自己写的一幅“上善若水”的书法作品。“上善若水”，这既是他对我殷切地期望，更是他真诚善良、品德高洁的人生写照。

“正气盈怀厚德泽巴蜀阡陌，书写大爱真情满神州江河”，在他逝世的那几天，我怀着无比沉痛的心情为他写下了这幅挽联。在送别他的 8 月 29 日，这幅挽联被制作成挽幛，高高地悬挂在八宝山告别厅的大门两旁，代表他的众多亲友、同事和部属，对他对四川、对水利、对同志的大爱情怀，表达深深地感念与无尽地追思。

我与三峡移民工作的不解之缘

傅秀堂

在中华人民共和国成立 70 周年之际，回顾我所从事的三峡工程移民工作使我倍感欣慰。我曾为共和国繁荣昌盛尽过绵薄之力。

我是主张换位思考的。我搞技术时，认为政治思想工作重要；我搞坝工设计时，认为水库移民当紧。但真要我交换场地，我还是不愿意的。事情就如此之巧，23 年前的 1986 年 5 月，时任水利部副部长的黄友若对我说，长江水利委员会欲调我到库区规划设计处当处长，我不假思索地说，我不去，干不了。

对一个半辈子画钢筋图的工程师来说，搞水库移民简直不可想象，害怕极了。恰在此时，葛洲坝右岸换流站导线排架需要加固，派我去当加固处理小组组长，调动工作一事就搁了下来。我以为水利部党组已经忘记了调我去库区处一事或者改变主意了，心中大喜。不意，水利部党组签发的任命书很快下来了。有同志劝我“抗命”，硬顶着不去。当然，我不会采纳，因我是一个党员。有同志说，要长江水利委员会领导送我去，我认为没有必要。再说，我也无此面子。我决定自己去上任。

关于“开发性移民”的回顾与思考，现在细细想来，我与三峡移民工作的“缘分”早从 1982 年就开始了，而且与“开发性移民”方针的形成有关。1982 年 10 月下旬至 11 月中旬，时任长办党委第一书记、主任的黄友若同志和副主任文伏波同志查勘了长江干流宜渝河段三峡水库淹没区，与地市县领导进行了座谈；了解地方对兴建水利工程特别是水库移民的意见。在长阳县座谈时，丁

傅秀堂，湖南洞口人，1940 年生，长江水利委员会原副主任、长江水利委员会技术委副主任、长江设计院院长，中国水利作协主席、顾问，中国作协会员。长江水利委员会第二届“十佳老人”。长期从事并领导长江水电工程及移民规划的与管理，尤其在三峡工程移民工作中做出突出贡献，获国务院政府特殊津贴。出版《治水库移民》及多部文学作品。

副县长反映，移民安置应带有开发的性质。移民安置不好，县长年都过不成。“钱不是发给移民了吗?”移民答：“是的，发给我了。但我没有地，没有工作，发的钱吃完了。”回武汉以后，黄友若主任给钱正英部长写信汇报考察情况，其中讲到移民应带有开发性，要和地区经济发展结合起来。黄书记要我起草这封信，至今记忆犹新。后来，在三峡移民试点中，渐渐地出现了开发性（有的提开发型）移民的提法。

我到库区处走马上任不久，1986 年 9 月中旬，全国政协视察三峡库区，洪总和我代表长江水利委员会陪同。视察巫山时，县委书记说：“早定工程早投资，早安移民早受益，我为三峡作贡献，三峡为我谋幸福。”政协领导给我们举了生动的例子：冬天，你救济给灾民一件棉袄，夏天来了，他将棉絮抽掉改作单衣穿，衣服再到冬天时已破成渔网，又无棉袄了；救灾与其给几元钱，不如给他买根扁担，两只水桶，让他卖水谋生。这些有关生产、生活的生动故事和深入浅出的道理，我认为就是移民安置的理论，使我明白了，移民安置要做生产规划，有了生产基地和谋生手段才算解决了根本问题。

1986 年 11 月 5—13 日，三峡工程移民专题论证专家组在“神峰”号轮举行会议。专家组组长是留苏的李雨普，我代表长江水利委员会参加。会上对农村移民的安置方向、移民工程的规划设计、移民搬迁实施进度计划等技术问题进行了探讨。专家们溯江而上，查勘了若干移民试点现场。经过现场查勘和热烈的讨论，制定了三峡移民政策和库区淹没补偿标准。

1987 年 5 月下旬，我参加了国务院三峡地区经济开发办公室召开的移民试点经验交流会。代表发言中指出，移民安置要贯彻开发性移民的方针。我欣喜地看到，“开发性移民”的思想为愈来愈多的人所接受，而且在实践中被深化和发展。

1987 年 11 月中旬，三峡工程移民专家组召开专题会议，研究三峡移民安置的环境容量问题。会议由移民专题论证主持人黄友若主持，我参加了这次会议。会上得到一个重要共识：目前三峡地区的生态与环境虽然存在一些问题，但改善生态与环境的根本出路是发展经济。通过资源的优化配置，产业结构的调整，三峡巨额移民资金的投入，三峡工程的兴建不仅可以扩大环境容量，而且有利于生态与环境的改善。

1987 年 12 月下旬在北京举行移民专家组（扩大）会议，讨论通过了移民专家组编制的《长江三峡工程移民专题论证报告》。论证报告指出，正常蓄水位 175 米方案的各项实物指标基本可靠，可以作为工程决策的依据。三峡工程移民政策和迁建补偿标准是根据国家现行政策和库区经济发展的实际需要，经与川鄂两省反复协商制定的，是可行的。移民投资是包得住的。移民安置可以在本县市内解决，农村移民大部分可以不出乡。只要坚持改革，用足够的投入把移民安置同水土保持、生态与环境保护、经济发展结合起来，移民安置区的经济和环境都可以得到改善。

1990 年，我调任长江水利委员会规划局副局长，离开了库区处。这 5 年的移民工作使我受到很大的教益。我不再单纯地把它作为一项工作，而是把它作为一门学科，一门科学。为此，我后来还写了《论三峡移民工作》一书。

1991 年 7 月，我被任命为长江水利委员会副主任。党组分工时，“自然”要我分管移民工作。

1992 年，三峡移民领导小组在京西宾馆召开移民工作会议。有同志反映，移民工作没有规划；长江水利委员会还说，移民规划要由他牵头进行，地方做了规划长江水利委员会又不给钱。国务院有关领导派人把我叫到会场，询问此事。我说：“移民工作不是没有规划，规划是分阶段的。论证阶段的规划已经移民专家组会议审查通过了。可行性研究阶段的规划已经审查委员会审查通过了。现在要做的是初步设计阶段的移民规划。”

领导问：“为什么规划要长江水利委员会牵头?”我答：“不是说长江水利委员会高明，由我委牵头。因规划无牵头单位就不能有统一的标准，统一的概算，就会造成八仙过海，各显神通，概算无法控制。”第二天，领导在大会做报告，采纳了长江水利委员会的意见，明确了三峡移民规划由长江水利委员会牵头负责。由此，三峡移民的勘测和规划都由长江水利委员会牵头，并写进三峡移民条例。国务院有关领导长期担任三峡移民领导小组组长，对情况很熟悉。他很倚重和信赖长江水利委员会的设计人员，重视我们的意见和建议。

1993 年底，三峡坝区征地移民概算在宜昌讨论。有同志反映，签订购地合同时，发现合同中的总亩数和调查数不一致，认为长江水利委员会的实物指标不可靠。并与长江水利委员会的工程师争执不下。对此，我讲了三点意见。①实物指标是规划的基础，规划是概算的基础。实物指标不可靠，规划和概算都失掉了基础。今天这个概算会没有必要开了。请大家务必认识到实物指标的重要性。②实物指标虽是长江水利委员会调查的，但是经过移民局专家组评审的，认为实物指标基本可靠，可以作为规划的基础。现在仅凭购地合同就推翻专家组的结论，我认为是很不严肃的。③关于调查数与合同总数二者不一致问题，我认为是属于允许误差问题，是批发和零售之差的问题。按照规范，土地统计允许误差为5％。现在的实物指标是满足这一要求的。

1995年4月12日，在万县市召开了国务院三峡工程移民工作会议。我在大会上发言，汇报移民规划工作。移民规划先分县编制，由长江水利委员会汇总。长江水利委员会提出了移民规划必须实行“投资包干，限额规划”的原则。根据可行性研究阶段的规划，整个移民任务涉及两省20个县市100多万人口，包括2座城市、11座县城、114个集镇的迁建。总的概算为400亿元(1993年价格)，历时10多年。如果不按“限额”规划原则，把资金“切块”到县，实行投资包干，整个任务和资金很容易失控。资金首先分到两省。两省都把这艰巨的事，委托给长江水利委员会分解到县。

1995年春，有同志反映，规划应该“补多少钱就做多少事”。国务院三峡工程建设委员会办公室郭树言主任要我去北京汇报。我在会上说：“‘移民条例’清楚规定，要按原标准、原规模计列补偿费，超标准、超规模的部分应由地方政府和有关单位自行解决。”

1996年，长江水利委员会完成了四川省分县移民规划的汇总工作。三峡建设委员会办公室和移民局分别于5月和6月致函长江水利委员会，予以表彰。1997年2月、3月、4月分别在长沙、成都、昆明召开了三次评审会，移民规划顺利通过了评审。这时，我才深深地舒了一口气。

2003年，我在卸任长江水利委员会副主任的会议上说，上初中地理课时，我知道长江三峡处可建座大水电站；高考填志愿时，报了武汉大学水利枢纽及水电站水工建筑专业。大学毕业后分来长江水利委员会，先从事三峡大坝设计，后搞三峡水库移民规划。但是，做梦也没想到在退下来之前能看到三峡水利枢纽工程于6月蓄水、通航发电，所以我非常高兴，非常感动、非常感谢。

如今，我已年近八旬，当年推荐我从事移民工作的两位长者——洪庆余和黄友若都已离世，我很怀念他们，也更为新中国的水利事业日新月异的变化而欣慰。

春风化雨露　夕阳无限红

——记水利部黄河水利委员会退休干部庄景林先进事迹

黄河水利委员会离退休职工管理局

庄景林，1936 年 12 月出生，安徽利辛人，1963 年参加工作，1981 年加入中国共产党，大学文化程度，原任水利部黄河水利委员会（以下简称黄河水利委员会）党组成员、副主任，教授级高级工程师，享受政府特殊津贴，1998 年 6 月退休。现任黄河水利委员会机关离退休干部党委副书记。庄景林不仅业务上是顶呱呱的行家里手，在生活上也是大家的良师益友，深受广大职工群众的称赞与爱戴，被誉为“一块磁石”“一面旗帜”和“一面镜子”。

一、带头学习，吸引广大老党员、老干部积极向上的“一块磁石”

作为黄河水利委员会机关离退休干部党委副书记，庄景林自觉参加组织生活，带头践行社会主义核心价值观，每逢中央大政方针和重大改革措施出台，他都带头学习、积极引导。他密切联系老党员实际，组织老党员认真学习习近平新时代中国特色社会主义思想，积极开展“不忘初心、牢记使命”主题教育。2019 年，按照上级要求，组织老同志积极参与庆祝中华人民共和国成立 70 周年系列活动，引导老党员坚定宗旨意识和理想信念，表达爱党忧党、为党护党的真诚愿望，充分释放正能量。

在学习活动中，针对党支部中多失能、半失能的老党员，他创新提出“三头服务”方式，即：学习材料送手头，重大节日暖心头，有病看望到床头。现任离退休干部党委第一党支部书记赵淑玲说：“庄书记常告诫我们，这些老同志为治黄事业奋斗了一辈子、辛苦了一辈子，如今他们行动不便不能来过组织生活了，我们不能忘记他们，不能让每一位老党员掉队，要让他们感受到组织和黄河大家庭的温暖，我们要主动靠上，及时把学习材料送到他们手头，把温暖送到他们心头，把关爱送到他们床头。”他就像一块温暖的磁石吸引着一大批老党员自愿为社会、为群众服务，使广大群众切实感受到党组织就在身边。

二、发挥作用，为党和人民的事业增添正能量的“一面旗帜”

庄景林1963年参加工作，在长达35年的治黄工作中，他勤奋钻研、忠诚奉献，先后主持或参与多项重大水利工程设计建设工作，获得国家级、省部级科技成果奖6项，多次被评为治黄先进工作者。退休后，庄景林依然心系黄河，发挥自己的特长和优势，孜孜不倦地潜心研读、笔耕不辍，先后担任黄河防汛顾问、《中国河湖大典·黄河卷》及《中国河湖大典·西北诸河卷》专家组组长，为治黄事业持续做出新贡献。多年来，他对黄河下游河道整治、“二级悬河”治理、标准化堤防建设以及滩区运用补偿和安全建设积极建言献策，提出合理化建议20余项，为新时期黄河治理起到了重要的决策参谋和技术支撑作用。

他牢记党员宗旨，积极为党和人民的事业增添正能量。1999年10月至2002年年底，受水利部委托，担任部属单位“三讲”教育工作组组长，先后对长江委、珠委、南科院和河海大学等单位“三讲”教育活动进行督导，受到水利部领导的好评。2005年，担任水利部干部考核组组长，参加水利部副司局级干部选拔工作，圆满完成各项任务。2007—2009年，受黄河水利委员会党组委托，担任巡视组组长，先后对山东河务局、河南河务局、黄河上中游管理局和黄河设计公司等单位进行巡视，效果显著。

自2008年担任黄河老年大学副校长以来，他紧紧围绕“老有所学、陶冶情操，老有所乐、健康长寿”的办学理念，按照“以促进老同志的身心健康为最终办学目标”的要求，在广泛调研、多方争取老同志意见基础上，创新提出“能者为师、会者为长、教学互长”的教学模式，并在办学中不断实践和总结，为黄河老年人“文化养老”探索出一条崭新路径。目前，黄河老年大学注册学员常年保持在800多人，已成为黄河水利委员会老同志晚年生活不可或缺的精神家园。

三、保持本色，遵守法律公德、工作鞠躬尽瘁的“一面镜子”

庄景林对党忠诚，自觉遵守党的政治纪律和政治规矩，始终保持政治坚定、思想常新、理想永存。他品德高尚、家庭和睦，夫妻两人多年来相濡以沫，相互照顾、相互支持；他以身作则，注意对子女的言传身教，支持子女的工作；他为人和善，是大家眼中的好邻居。他退休之后依然保持革命本色，珍惜光荣历史，干净做人、坦荡做事，为党和人民的工作鞠躬尽瘁。

在《中国河湖大典》编撰工作筹备期间，庄景林就已经在带病工作，医生建议马上进行心脏搭桥手术，可手术风险大、修养时间长，而手头的工作也进行到了关键时期，他实在放心不下。几次反复，病情一拖再拖，最终他在西安病倒了。医生抢救了两天两夜，连续输液治疗53小时，可病情依然没有得到控制，万般无奈之下，他才最终同意做了心脏搭桥手术。可即便是动了这么大的手术，他也没等完全康复，就又投入到紧张的工作中。2015年4月，《中国河湖大典》（11卷）终于由中国水利水电出版社全部正式出版，这部高质量的典藏，正是对庄景林和其他专家对工作高度负责、无私奉献、兢兢业业、一丝不苟的最佳诠释。

“老夫喜作黄昏颂，满目青山夕照明”。庄景林就是这样一位平凡而忙碌的老人，始终不渝地用自己的心血和汗水，坚守着对党忠诚的政治品格，践行着入党誓词，积极为党和人民的事业增添正能量，用老有所为、余热生辉的精神继续书写着自己的人生价值和追求。

深耕十余载　拳拳治淮情

赵武京

一段路，过一段时间回头望，感受更深刻；一支歌，过后再唱，更富有激情！1990 年 8 月，我带着水利部党组的殷切期望，到淮河水利委员会上任，从事治淮事业。2000 年年初退休，现已到了耋耄之年。在举国上下喜迎中华人民共和国成立 70 周年之际，回望曾经的治淮岁月，仍历历在目，激情满怀！

20 世纪 90 年代的治淮高潮

刚到淮河水利委员会，我分管计划基建，按照点线面结合的思路开展工作，针对板桥水库复建工程进展严重滞后的情况，开展百日抢工会战，从工程实际情况出发，调整优化施工关键线路，制定施工技术措施，通过资源平衡适当增加施工力量，并制定适度合理的奖惩措施，调动和保护参建各方的积极性和创造性，最终夺回延误工期，按时截流。紧接着一鼓作气，大干 150 天，1991 年 5 月下旬工程达到度汛标准，实现安全度汛。

1991 年元旦刚过，黑茨河治理工程省界段施工，各方意见存在分歧，我立即带着计划基建处和淮委勘测设计院的同志到河南郸城县组织河南、安徽省、市、县有关方面召开现场会，共同调整商定方案，集中力量加快施工进度，迅速扭转了工程停滞不前的局面。

1991 年，淮河雨季比往年早，5 月中旬至 6 月初连续出现两次强降雨过程，平原积水严重，随后暴雨洪水接二连三袭击江淮。淮河流域暴雨洪水引起

赵武京，水利部淮河水利委员会原主任。

党中央、国务院高度重视。洪水尚未退尽，国务院于 8 月中旬召开治淮治太会议，做出了《关于进一步治理淮河和太湖的决定》，明确用 10 年时间、投入 120 多亿元，兴建 19 项防洪骨干工程，要求“八五”初见成效、“九五”整体推进。继 20 世纪 50 年代第一次治淮高潮以来，声势浩大的治淮工作再次在中原大地迅速铺开。

1992 年下半年，我担任淮河水利委员会党组书记、代主任。为了健康有序、高效推动治淮工作，一方面要求淮委机关和淮委勘测设计院苦练内功，适应治淮深入发展的需要；另一方面强调并带头践行“流域机构就是服务，在真诚服务中实现监督管理”的理念，要求淮委机关各处室（局、室）和各省水利厅携手形成合力，提高工作效率。从 1993 年开始在全委推行“岗位目标责任制”，使全委各单位形成一个运转协调高效有序的有机整体，使广大干部职工心往一处想、劲儿往一处使，服务于治淮。就这样，一年接着一年向前奔，一道道“束水卡口”被拓宽，一段段大堤得到了加固，一座座水库和闸涵建成或修复，一条条省界支流得到治理。在沂沭泗河管理中，积极推进“一所一策”改革措施，进一步增强了工程管护能力。干部职工的工作条件也随着治淮的发展得到了逐步改善。

通过不懈努力，淮河治理取得显著成效，经受住 1996 年、1998 年洪水和 1997 年大旱的考验。1996 年 7 月淮河中上游大水，王家坝水位涨到 29.24 米，超保证水位 0.58 米，持续时间长达 97 小时，仅行蓄洪区一次减淹效益达 12 亿元，全流域减灾效益约 200 亿元；1996 年 7 月沂河洪水通过人民胜利堰闸和大官庄闸联合运用，第一次直接东调入海。1997 年大旱缺雨的情况下，全流域农业获大丰收，粮食总产量达 845 亿公斤，占全国粮食总产量的 17.2%，是建国初流域粮食总产量的 6 倍多。1998 年夏，江淮并涨，淮河多次出现汛情，但险情和灾情大大降低。以入海水道、临淮岗等战略工程于 1998 年、1999 年相继开工建设为标志，治淮进入整体推进的新阶段。

同时，复建后的板桥水库和石漫滩水库，既抹掉了“75・8”洪水灾难的阴影，又拦蓄了洪水，为水库灌区和下游城乡生产生活用水提供了可靠水源。国务院发布《淮河水污染防治暂行条例》，自此淮河治理走上依法治污的轨道。关停“十五小企业”，重点工业污染源达标排放，使 COD 排放量减少 31%，淮河干流水质明显转好，群众生产生活稳定；开展水污染联防，防止了淮河干流和沙颍河突发大面积污染事故。

治淮实践收获总结经验

随着治淮19项骨干工程相继完成，淮河抗灾能力进一步提高。回望20世纪90年代治淮的日日夜夜，党的政治优势是治淮顺利进行的根本保证。党和国家领导人先后视察治淮一线，国务院专门成立治淮领导小组，相继召开了第二次、第三次、第四次治淮治太会议。水利部把治淮作为工作的重中之重，流域四省均成立了治淮领导小组。中央媒体、行业媒体、地方媒体发挥了强有力的舆论推动作用。

防洪骨干工程的规划布局和论证设计，是治淮人几十年来辛勤劳动的成果，凝聚着几代治淮人的汗水和智慧。特别是，沂沭泗东调南下工程大范围调度洪水的构想和布局，彰显了老一辈治淮人的智慧和胆略。工程建设严格推行项目法人责任制、招标投标制和建设监理制，精心组织、精心施工，规范工程验收工作，保质保量完成了工程建设任务。

治淮人从长期治淮实践中领悟到：要遵循客观规律团结治水，行政区域必须服从流域统一规划、治理和管理。团结治水既要“均其势”“均其务”，又要联动治理、共同受益。中上游战略工程——临淮岗洪水控制工程和大洪河等中上游跨省支流治理工程，下游战略工程——入海水道与怀洪新河下游段，都是在团结治水的原则下启动实施的。

能见证并参加治淮工作，是我今生最荣幸的事。看到淮河发生的可喜变化，内心十分欣慰。如今，我在从事水利建设稽察和督导的同时，一直关注和思考治淮问题，先后撰写有关文章。我坚信，在习近平新时代中国特色社会主义思想的引领下，在水利部党组的指导下，一代接着一代干，一个生态优美、繁荣富强的新淮河将展现在祖国的中原大地，治理好淮河不是梦！

一切为了人民的利益

——记人民满意的公务员、水利部总工程师高安泽

凌先有

水利部总工程师高安泽，长期从事水利水电工作。几十年来，他始终把党和人民的利益放在第一位，善于学习、勤奋敬业，解决了许多水利水电建设中的重大技术问题；恪尽职守，对工作精益求精，体现了人民公仆献身、负责、求实的精神；严于律己，廉洁奉公，密切联系群众，深得人民群众的敬重和钦佩。曾被人事部批准为有突出贡献的中青年科学、技术、管理专家，被中国科学技术协会授予“全国优秀科技工作者”荣誉称号，两次获中央国家机关工委“优秀共产党员”荣誉称号。日前，又被授予全国第五届“人民满意的公务员”荣誉称号。

一、注重调查研究，对人民高度负责

1998年大洪水以后，水利事业进入了一个新的发展阶段，中央加大了对水利的投入。如何建好、用好水利工程，保证水利投入发挥最大的社会和经济效益，造福于人民，高安泽同志为此付出了艰辛的努力。近两年来，他组织编制和审查了黄河、淮河、海河、太湖、嫩江、松花江、黑河、塔河和首都等40多项防洪规划及水资源规划，组织了为解决北方地区缺水问题的13项重大专题研究以及天津引黄济津工程等10多项前期工作，为水利建设打下了良好基础。

三峡、小浪底、南水北调，是举世瞩目的大型水利工程。作为水利部的总工程师，高安泽同志以对党和人民利益高度负责的精神，在技术上深入钻研的

同时，还特别注意协调解决工程项目方方面面的关系问题。三峡工程的水库防洪调度方案的编制工作，涉及防洪、发电、通航和移民安置进度等多种因素。他对这项工作非常重视，虚心向有关专家请教，并与长江水利委员会的专家一起讨论，主动向业主单位领导汇报并听取意见，从宏观问题到公式推导，细致入微，较好地解决了三峡水库防洪调度方案编制工作大纲中的一系列问题。1999 年 9 月下旬，高安泽同志主持小浪底水库下闸蓄水的验收工作。当时汛期未过，面对水库蓄水时下游既可能出现断流和又有可能发生洪水的复杂局面，他与有关领导和专家反复研究，在建设单位已有工作的基础上，制定了一个较为完善的补充方案，得到了各方面的认可，建设单位按计划顺利地实现了下闸蓄水，在保证工期以及按期发电的同时，既合理地避开了洪水风险，又避免了水库下游断流，取得了巨大的工程效益和社会效益。在南水北调工程补充规划工作的过程中，高安泽同志认真贯彻国务院和水利部领导的指示，非常尊重各方面专家的意见。一些专家认为中线输水必须要有一定的调蓄能力，提高供水的保证率。于是在中线工程查勘的过程中，高安泽同志很留意沿线的地形地质条件和已建工程情况，最后向设计单位提出了结合一个病险水库的除险加固、兴建一座中线在线调节水库的重要建议，成为解决南水北调工程三大技术难题中的防洪风险和水量调度难题的一个重要手段。

新疆的塔里木河是我国最大的内陆河，由于干旱少雨和水资源的过度开发，下游长期断流，尾闾台特马湖早已干涸，下游被称为“绿色走廊”的 80 多万亩胡杨林衰减至不到 11 万亩，生态环境日趋恶化。2000 年 11 月，高安泽同志受命赴新疆协调由博斯腾湖继续向塔里木河下游调水事宜。他不顾尚在病中的身体，7 天行程近 4000 公里，跑遍了塔里木河干流及与调水有关的地区，每天工作近 15 小时，积极协调有关各方关系，并与黄河水利委员会领导和当地的专家、领导一起，认真分析了继续调水的必要性和可行性，最后向自治区领导提出了切实可行的调水计划和保障措施的建议，最终使 2 亿多立方米的“生命之水”，被送往塔河下游 215 公里近乎长期干涸的河道，使濒临消失的胡杨林开始恢复生机，被朱镕基总理赞誉为“一曲绿色的颂歌”。

二、献身负责求实，对工作精益求精

献身、负责、求实，是水利行业精神，也是高安泽同志的真实写照。

高安泽同志在工作中有一种拼命精神。他深知水利工程关系人民生命财产的安全，所以坚持以高度负责的态度对待技术管理工作。为此，他几乎每天都要工作到深夜 24 时以后。多年来在他的工作日历上，几乎没有的节假日。2001 年春节前的大年二十九，他还一直工作到下午 17 时多，才拖着疲惫的身躯在夜幕中回家。部里按规定安排的休假，他也从未享受过。2000 年，他老伴儿退休了，在大家的劝说下，他好不容易答应陪老伴去休假，机票都买好了。可临行前，正赶上部里向国务院汇报南水北调工程进展情况，他说服老伴，退掉了机票。由于工作过于辛劳，高安泽同志身体一直比较虚弱，但 3 年来，他却从未请过病假。一次夜里高烧 39℃，第二天他依然带病到办公室处理工作。还有一次，由于连续熬夜工作，在开会中间，他竟然累得晕倒了，但他在沙发上稍微休息了一会儿，就又继续主持讨论。1999 年 10 月，水利部组织审查《黄河重大问题对策》，他是技术协调人之一。审查会开始后，由于白天开会，晚上要进一步征求有关专家、领导意见，然后加以整理记录，连续三天工作都是到凌晨两三点钟才休息，眼睛都熬红了。会议结束前的那一个晚上，已是凌晨 1 时多，他的秘书实在看不下去，极力劝他早点休息，很少发脾气的他，却将秘书推出了房间，并用沙哑的声音说："总书记刚视察过黄河，现在又有这么多专家献计献策，这次会议的审查意见可来不得半点儿马虎啊!"

高安泽同志在工作中认真细致，不仅严把技术关，而且经常主动向部领导和一些司局提出技术建议。2000 年年底，他结合贯彻部领导提出的要研究社会主义条件下的水权、水价和水市场问题的指示精神，协助有关司局专门组织力量，抓紧开展南水北调工程的水价形成机制和管理体制的研究，进一步完善水利部党组提出的论证思路，受到水利部领导的高度重视，极大地推动了南水北调工程的论证进程。2001 年春节刚过，他又和水利水电规划设计总院的总工程师一起，赶到北方一个大城市审查该市的城市防洪建设规划。为了兼顾防洪安全与城市发展，使防洪设施与城市景观相协调，他认真听取设计人员和一些专家的不同意见，并以一个普通工程师的身份连夜画草图、做计算，提出了自己的具体技术建议。为了实地勘察一段关键堤线的走向，他竟然冒着－30℃的低温，顶风踏雪沿着松花江边的大堤徒步踏勘近 2 小时，在场的同志无不为他负责求实的精神所感动。

高安泽同志在工作中始终坚持科学求实的工作态度，从不盲从。一次，上级部门转来了一封专家来信请水利部研究。来信提出了一个关系到水资源基本问题的很大胆的建议。由于建议内容不是高安泽同志的专长，于是他一方面积极请教相关学科的同志，另一方面自己加班加点，用了2周时间查阅了国内外的最新资料，最后明确提出了否定该建议的意见，并和一些专家一起实事求是地向上级部门做了汇报，得到了他们的肯定。

三、廉洁奉公，对自己严格要求

在日常工作中，高安泽同志严于律己。按照国家规定，乘飞机时他本来是可以坐公务舱的，可是他经常坚持坐经济舱。他总是说，部里经费紧张，能省点就省点吧。实际上，他动过手术，患有严重的颈椎病和肩周炎，周围的同事和秘书多次劝说他坐公务舱，他总是不听。

由于工作需要，高安泽同志参加技术咨询审查一类的会议很多。但凡是他参加的审查会，他都尽量将审查费退回去，并反复向办会务的同志解释，发给应邀与会的老专家一定的咨询费是对的，但自己是在职的公务员，参加审查是自己的本职工作，不宜领取咨询费。有时未能及时退还，他便将咨询费交给秘书设法退回，个别实在一时无法退回的，经请示领导，暂时交秘书统一保管。

在出差中有时会遇到接待单位赠送的土特产或纪念品，他是能推则推，有时实在无法推掉的，他也都转交秘书保存，或者转送给一些老专家或老同志。个别较为贵重却又不合适退回的礼品，他就主动向对方付钱买下。一次野外查勘，一位少数民族地区的同志听他谈起羊皮袄虽不时新，但在北方的冬季勘察时更能御寒，当地同志便请人帮着做了羊皮袄，出差时顺便带到了北京。由于皮袄是少数民族地区的同志千里迢迢送来的，高安泽同志很受感动，不好退还，他就主动提出买下皮袄，拿出1000元钱交给对方。那位同志反复推说用不了这么多钱，只收了500元。第二天早晨，他又将1000元交给秘书，让其务必再交给送皮袄的同志，并叮嘱说他晚上回家看了看皮袄，担心钱没有给够。最后，那位少数民族地区来的同志急坏了，说这本来是我们的一点心意，给这么多钱，比卖的价格都贵了。

高安泽同志喜欢与群众打成一片，很多人都愿和他谈心，他也都坦诚相待。从深入探讨工程技术问题，到如何对待职称评定等，他常讲的是实话、真话。例如，有一次他参与讨论南水北调西线工程的线路规划，倾心体会黄河水利委员会设计院的设计人员数十年在青藏高原工作的艰辛，然后从施工条件、对外交通、建设管理和勘测设计工作的难易程度等各个方面，就线路方案比较充分交换意见，互相启发，结果很快就形成了共识。有时如果发现是他自己犯了片面性的毛病，他也会当面认错，或收回意见。他曾多次说过，工程问题往往是“摇头容易点头难”，但是在总工这个工作岗位上，总是要“点头”的，因此他格外尊重专家，注意深入现场，认真听取不同意见，尽最大努力争取减少以至避免技术决策中的重大失误，维护党和人民的利益。

（2002年1月15日发表于《中国人事报》）

向死而生，“讣告”上的年轮

赵　伟

自从2017年8月到医院看望过黄老（国家防汛抗旱办公室原总工程师黄文宪）后，至今年春节前夕，有将近半年的时间没有见到他了，虽然时常能从雅朗大姐（黄老的女儿）的口中得知他的消息，但未得谋面，总觉惦念。于是，1月23日在西罗园活动站巡诊结束后，抽出一点时间，我敲开了黄老家的门。

穿过走廊，来到客厅，我看到黄老正专注地坐在电脑前，边看边记。走近细瞅，疑惑顿生：黄老居然在记录我国七大水系各个地方的水情数据。

“黄老，您记录这些数据干什么呀?”翻看着一页页完整清晰的记录，带着好奇，带着崇敬，我凑到他的耳边，一字一句地问道。

“这是我国各大水系的流量啊，我就关心这个。看着这些，就知道我们现在的水资源调度工作做得很好，河流没有断流，这我就放心了!”黄老的回答中满是欣慰。

雅朗大姐说，黄老工作一辈子，就和这些大江大河打交道，几乎走遍了七大水系的各个地方，记录这些数据是他退休以后最重要的事情。记录水情数据的习惯黄老从很早就开始了，那一本本的记录规整地收在标记着“水情”字样的自制文件盒里，从2000年开始（可能还有更早的我没看到的），一年不落。

黄老86岁了，但他对电脑的操作却十分熟练。我感到非常好奇，细问之下，雅朗大姐拿出一本学习笔记给我看，上面一页页都是黄老学习电脑操作的笔记，书写清晰工整，图文并茂，学习的认真劲儿跃然纸上。谁又能想到那时的黄老已是65岁的退休老人。学会了电脑，当时仍在水利岗位发挥余热的黄老（从1991年退休至2002年十余年间黄老一直被单位返聘），大大提高了工作效率，还为他日后通过水利部官网查询水文数据提供了支持，而且多了一个关心国家大事的方便渠道，涉猎内容也越来越广泛。

除了记录水文数据，关心国家大事，黄老最喜欢的就是驻足在祖国的地图前反复地看，看那些山川河流，看那些他生活工作过的地方。为此黄老坚持让女儿买了各版中国地图，挂满了书房的四面墙壁。有时候，他会站在地图前，默默地盯着一个地方看许久，似乎是在回忆发生在那里的美好往事，回忆那些一起奋斗过的兄弟姐妹。

退休了，离开工作岗位了，但关心水利事业的心一刻未曾离开，挂念水利事业的情一分未曾减弱。

就在我不由得要向他竖大拇指的时候，我惊愕地看到了生命的戛然而止：桌子上另一本笔记的扉页，一份自拟的讣告赫然入目！

“国家防汛抗旱办公室原总工程师共产党员黄文宪，因病于20　年　月　日在北京去世，享年86岁。本人生前意愿：丧事从简，不举行送别仪式、不保留骨灰。”

“您这是……”捧着笔记本，望着黄老，我满腹不解却不知如何开口。

黄老笑了笑，比着手指头说：“我呀，‘死’过两次了！2000年春天，在郑州出差，昏迷过一次。2010年10月，在家昏迷过一次，这一次昏迷了8个多小时，醒来都不知道自己在哪儿。这呀，就是倒计时开始了。”

扉页右侧是一排日期：从2010年4月2日逐年记录到2017年4月2日。雅朗大姐说，4月2日是黄老的生日，2010年他年满79周岁，到2017年是86岁。在他的心里，活到80岁够本，之后就是活一年赚一年！

扉页左下角是黄老上次住院诊断至今未完全治愈的疾病。仔细看，可以看到那已擦掉的“肺癌”二字。原来，他之前常年咳嗽，自我认定为“肺癌”，直到2017年抽完胸水明确诊断后，才把那两个字擦掉。

我认真地给黄老做了简单的体检，他很安静地配合着，瘦削的面庞上满溢着慈祥，一双眼睛不大，却深邃有光，一束坚定清亮的光。

水情记录的每一个数据，对他人来说或许只是单纯的数字，但对黄老却是一份初心、一份牵挂；年逾花甲再学电脑，对他人来说或许只是消遣娱乐，但对黄老却是坚持学习的时代责任；中国地图上的河流山川，对他人来说或许只是沟沟坎坎，但对黄老却满含温情回忆；未愈疾病的记录，对他人来说或许是忌讳不已的话题，对黄老却是接受自然衰老的坦然；事先自拟好的“讣告”，对他人来说或许根本无法理解，但对黄老却是向死而生的勇气；生命倒计时的逐年推记，对他人来说或许是焦虑恐惧，但这却正是黄老对当下生命的珍惜。

像所有的水利老人一样，他爱国家，爱水利，这是他一生奋斗不息的旋律；他用水利老人特有的方式，厚重着生命的质量，延伸着生命的长度。

2018 年的 4 月 2 日很快就要到了，那份讣告里的年龄将会改为 87 岁，倒计时的记录也会多一行“2018 年 4 月 2 日”。

按雅朗大姐的话说：“79 岁开始倒计时，依着现在的状态，奔着 97 岁去了!”

这话我信!

希心水文化　回眸意深长

凌先有

初识傅希文，是在辽宁兴城。那是1993年6月，中国水利文学艺术协会第三届理事会在这个被誉为渤海明珠的海滨之都召开。在那次会上，傅希文作为新当选的中国水利文学艺术协会的常务副会长（会长由在职部长兼任），在主席台上慷慨激昂地讲话，我作为陕西省的理事参加会议，坐在台下静静地聆听。

在我当年的笔记中，至今还记录着她当时讲话的内容。她在会上强调的第一个问题，就是要不断巩固壮大文协组织，培养各类文学艺术人才，活跃职工文化生活，促进全国水利行业的精神文明建设。也就是在这次会议上，她提出在文协中成立全国水文化研究会。在她的积极推动下，1995年12月17日，中国水利文学艺术协会在江苏徐州召开了中国水利文学艺术协会水文化研究会成立大会，同时举行了首次全国水文化研讨会。出席会议的代表除来自全国水利系统各单位的水文化学者外，中央文献研究室、《人民日报》等单位都派人参加了会议。她在会上做了《大力弘扬水文化》的主旨讲话，开宗明义地指出："我国有着历史悠久而丰富的水文化，但是对水文化的研究是近几年才提出的新问题。这一方面是因为水利事业发展的客观需要，另一方面也是在企业文化的影响下提出来的。""这次水文化研究会的成立，标志着水文化研究和实践进入了一个新的发展阶段。"她提出："我们研究水文化的目的是从水文化的深层次，确立水利在社会发展和国民经济中基础设施和基础产业的重要地位，塑造水利在社会上的良好形象，弘扬高尚的水利精神，以便在水利行业形成巨大的凝聚力和向心力，调动广大水利职工的积极性，为发展我国水利事业多做贡献，同时还要影响全社会，使更多的人关心、支持水利事业的发展。"她最后提出要求："我希望水文化研究会成立以后，大家能努力工作，认真研究，加强活动，多出成果，为振兴我国的水利事业做出更大的贡献。”在水文化研究起步之初，她的这些讲话，对促进水文化的蓬勃发展无疑起到了先导作用。

1993—2001年，傅希文担任中国水利文学艺术协会常务副会长长达8年时间。这段时间，她积极为水利文艺和水文化的发展奔走呼号。1994年上半年，她多次以个人名义给当时的水利部部长和有关副部长请示报告，希望举办首届水利艺术节。对这项中华人民共和国成立以来从来没有组织过的全行业的重大活动，她以极大的热情积极推动。她在给水利部领导的报告中这样写道：通过举办水利艺术节，“以生动活泼的形式宣传水利事业，弘扬水利精神，展示水利行业的公仆形象和水利职工多才多艺战天斗地的神采，从而鼓舞斗志，搞好水利工作。”并就水利艺术节的内容、举办地点、奖励名称、所需经费等做了具体说明。她的请示报告言辞恳切，其心灼灼，得到了部领导的大力支持。在首届水利艺术节上，除了文艺演出、书法美术摄影外，把水文化论文征集评奖作为活动的一项重要内容，编辑出版了《水文化论文集》，以及李宗新的《水文化初探》《漫谈中华水文化》等专著。中国水利文学艺术协会还与松辽委共同创办了《水文化》双月刊。《人民日报》(海外版)、《文艺报》、《新华社每日电讯》、《经济日报》等各大媒体对水文化进行了连续报道，使水文化研究在国内外一时风生水起。到1997年11月第二次全国水文化研讨会时，收到水文化论文已达144篇，比第一次研讨会增加了6倍多。许多领导同志和水利专家也加入到水文化研究的行列之中，许多论文围绕促进水利改革与发展的主题，从学术研究的角度，探讨水利在国民经济和社会发展中的重要基础地位。论文还涉及了水文化概念的内涵与界定，如何加强水利文化、流域水文化的研究，以及如何从社会学、历史学、文化学、美学和文学艺术的视角来研究水文化等，水文化研究逐步走向深入。

在促进水文化研究的同时，她也在大力推动水文化的实践活动。她在《坚持先进文化的前进方向，努力繁荣水利文学艺术》一文中指出：“围绕水利中心工作，演水、写水、画水、唱水，立足行业，走向全国，是水利文协工作的出发点、落脚点”，“水利文协坚持为水利职工服务、为水利改革发展稳定服务，才有旺盛的生命力，才有坚实的群众基础。”她先后担任了全国首届和第二节水利艺术节领导小组的副组长和秘书长，在全国水利系统深入开展水文化论文、文学作品征集与评选，书法、美术、摄影、集邮邮品展评，“水之韵”声乐、乐器大奖赛及舞蹈、戏曲等文艺节目汇演。她在第二届全国水利艺术节组委会上发表了《厉兵秣马，办好水利文艺盛会》的讲话。她说：“举办本届全国水利艺术节，是水利部党组加强水利行业精神文明建设的一项重要举措，目的是以这次艺术节作为一个载体，来检阅和推动全国水利行业精神文明建设的成果。”她希望组委会认真负起责任，发挥好组织协调、宣传鼓动、具体指导、督促检查的作用。她最后说：“我再强调一下，本届全国水利艺术节既要在基层开展活动，注重群众性；也要在普及的基础上，通过演出、展览、评选，推出一批精品，要在全行业，乃至在社会上产生一定的影响。这些作品，在内容上要紧扣主题，弘扬主旋律，反映水利行业改革开放、艰苦奋斗的业绩，要歌颂党和国家关心重视水利的政策，歌颂水利战线的英雄模范人物；要造成声势，达到以艺术形式宣传水利的目的。”在她的倡导和精心组织下，两届全国水利艺术节取得了丰硕成果。演出的节目和创作的作品，生活气息浓厚，时代气氛鲜明，抒发了水利职工爱水之情、治水之志，反映了水利职工健康向上、奋发进取的精神风貌。中国水利文协还组织水利职工艺术团赴比利时访问演出，传播水利文化，受到当地人民的喜爱和欢迎。

2015 年，傅希文参加离休干部健康休养活动，我在陪她散步时，她对我说，她这一生长期在机关党委工作，直到担任部机关党委常务副书记，但最使她引以为自豪的，还是她在中国水利文学艺术协会工作的这几年，通过举办水文化研讨会和水利艺术节，极大地推动和繁荣了水文化研究和水利文艺创作。在她任中国水利文协常务副主席期间，《中国水利》《大江文艺》《治淮》《水利水电思想政治工作研究》《水利史志专刊》等都先后开辟了“水文化”专栏，1995 年 3 月，中国经济出版社出版了张耀南、吴铭能编著的《水文化》一书；1998 年 4 月，人民大学出版社出版了郑国铨的《水文化》专著，系统地介绍了我国的江河文化、湖泊文化、海滨文化。同时，水文化开始进入我国的高等学府，河海大学、清华大学等全国知名大学都开展水文化活动。她还如数家珍地告诉我这一时期的水利文艺创作，如老部长李伯宁的《我的水利梦》、成绥台的《悠悠三峡情》《长江魂》、杨马林的《功盖大禹》等一大批文学作品相继问世。还有水利职工创作的《春天的故事》《长大后我就成了你》《多情的东江水》等歌曲，经过董文华、宋祖英、张也等歌唱家的演唱，迅速传遍中华大地。李伯宁创作的反映新中国水利发展的电视剧《水困古城》，在中央电视台播出，获第二届全国行业电视展评一等奖。任润余、魏斌、成绥台的《大三峡》，刘春的《拯救黄河》等大型电视系列片在中央电视台播放，产生了良好的社会反响。

如果说傅希文是一个水文化研究、水利艺术创作的鼓动者，那么，在她离开文协领导岗位之后，则成为一个水利艺术创作的践行者。2001年7月，已到古稀之年的傅希文从文协领导岗位上退下来。她收敛起当年风风火火的锐气，开始参加水利部离退休干部局举办的书画班，沉下心来默默地开始研习书画艺术。十多年中，她先后师从王昆、苏克忠、唐国华、任梦华等多位老师。在扎实书画功底的基础上，近年来开始进入了旺盛的艺术创作。她多次参加离退局组织的"喜庆十八大笔墨抒情怀""水利华章筑梦中国"等各种书画笔会。她的书画作品先后参加了中央国家机关老年大学第七届"红飘带"文艺作品展、庆祝建国65周年"同颂祖国情共筑中国梦"老干部优秀作品展、中央国家机关离退休干部纪念抗战胜利70周年书画展等，并多次在"新天地阳光之星"等全国和水利系统离退休干部书画比赛中获奖，光明日报《新天地》杂志、《中国老年报》《水利老年天地》等先后发表了她的多幅作品。2015年年底，她将自己多年创作的书画作品进行精选，出版了《小小书画集——傅希文习作》。在送给我的书画集扉页上，她亲笔题写了"请先有局长指正"七个刚劲有力的字，落款是"八十四广华老人"。在这本书画集中，汇集了她的《飞流》《日光瀑布》《蜀山碧水》等几十幅书画作品。她在书画集前言中，自述自己十多年时间"始终坚持老有所学、老有所为、老有所乐的求学方向"，"达到了活到老、学到老、奉献到老、快乐到老的境界，还似乎有些老骥伏枥、志在千里、烈士暮年、壮心不已的情怀"。她还写了一篇《怀念徐化先》的文章，追忆她的丈夫在中国革命和建设中做出的贡献以及平凡而光辉的一生。这篇文章洋洋万言，语言质朴、情感真挚，以细腻的笔触讲述了她的情感世界和博大胸襟。

2016年春节后，她打电话给我，对我和离退局同志多年来对她的关心照顾表示深深的感谢。谈话之中，也流露出丈夫去世后自己的孤寂与无奈。我劝她还是联系一家比较好的养老院安度晚年。她说她联系过几家养老院，不是不满意，而是实在舍不得、离不开离退局里的好同志，离不开一起学习绘画的老同志，离不开与自己情同祖孙的绘画班老师。正是这份无比的眷恋之情，使她直到去世前几天，还在乘公交车到老年大学校外绘画班坚持学习。

2016年3月7日上午，傅希文被保姆发现一个人在家中孤独地离世。我和离退局同志无比震惊和悲痛，许多老同志也纷纷在微信群中表达哀悼之情。有的老同志还当即赋诗怀念她："生担事业重任，逝思后辈楷模。音容长歌永存，走笔描绘祖国。"那位一直叫她傅奶奶的绘画班老师任梦华，在听到她逝世的消息后，不能自已，从为老同志讲课的课堂上跑到外面失声痛哭。

"行文简浅显，做事诚平恒"。这是傅希文送给我的书画集中的一幅书法作品，也是她的人生写照。傅希文在职时长期从事机关党务工作，离职后全身心地投入水利文学艺术事业，成为我国水文化研究的推动者和先驱者，使她的人生在晚年绽放出了耀眼的光彩。

（发表于2016年4月12日《中国水利报》）

忆抗震四皓

凌先有

秦末，有四位隐居商山的白发老人，被尊为“商山四皓”。在汉初刘盈将废、朝野震动之际，被邀出山，“偕入汉廷，一语吾主”，终使刘盈做了汉惠帝。功成之后，四位老人抛弃高官厚禄重返商山。这四位老人分别是唐秉、崔广、周术和吴实。“四皓”的这一行为被传为千古佳话。唐朝大诗人李白有诗称颂四皓：“白发四老人，昂藏南山侧”，“一行佐明圣，倏起生羽翼”。

2008年，也有四位老人，在汶川地震后毅然奔赴抗震救灾第一线。他们冒着余震的危险，踏着泥泞，攀爬山崖，辗转于众多震损水库和堰塞湖进行会诊，凭借自己丰富的经验和睿智，为抗震救灾献计献策。在排除堰塞湖和水库险情的一个个奇迹中，沁透着他们的心血和智慧。这四位老人分别是马毓淦、蒋国澄、蒋乃明、徐麟祥。

比起“商山四皓”，抗震四皓的行为更值得人们敬仰。“商山四皓”的行动，只不过是为了封建帝王子嗣的传承和帝位的稳固。抗震四皓的壮举，则是为了保障灾区广大黎民百姓生命财产安全，他们的精神更值得千秋传颂。

一马当先

马毓淦，水利部水利水电规划设计总院原副总工程师。也许是姓氏决定了他的个性，无论做什么事情，他都一马当先。

2008年5月13日，就在地震后第二天，他就主动请缨，一马当先，来到了灾区，成为水利部抗震救灾德阳工作组中最年长的专家。

在灾区，他不管出现在那里，总是一马当先。在辗转都江堰、紫坪铺水库和德阳、绵阳、广元的途中，是他走在最前面；在多次深入石亭江高景观、金花大桥、红东大桥等地观测水位和流量、判断上游堰塞湖规模的途中，是他走在最前面；在穿过绵远河和石亭江进山口危崖高耸的山谷、去摸清德阳的堰塞湖分布规模和蓄水量以及危险程度的途中，是他走在最前面；在冒着巨石滚落、山体随时发生滑坡的危险去楠木沟观测堰塞湖的途中，还是他走在最前面。马总曾参加过唐山大地震的救灾工作，面对不断的余震，面对滚滚巨石，面对变形的道路，他始终镇定自若，行走自如。他的一马当先，感染和带动了大家，使大家多了面对危险的镇定与机智，多了战胜困难的勇气与毅力，多了夺取抗震救灾最后胜利的信心与希望。

在外业，他一马当先；在内业，他依然如故。无论是在德阳市水利局大会议室，还是在旌湖宾馆五楼小会议室，工作组每天的会商会议，他总是坐在最前面、最中间，一如稳坐中军的诸葛亮。对从各种渠道得到的信息，他反复论证，互相印证，提出应急处置方案。不让灾区一个人因堰塞湖溃坝而伤亡，是他最大的心愿和责任。小岗剑堰塞湖的成功爆破，不知经过了他多少个日夜的殚精竭虑，凝聚了他多少经验和智慧的思考和论证。

一马当先，总是要比别人更累的，何况他已经是 66 岁的老人啊。可是他说："累也得强打精神。"简短的话语，道出了他不怕疲劳、不怕牺牲、不畏艰险、无私奉献的精神境界，诠释了老一代水利人对国家、对人民高度负责的理念。

两 次 赴 川

1929 年 3 月出生的蒋国澄，2008 年已年近八旬。作为中国水利水电科学研究院副总工程师、我国著名土石坝专家，他曾亲身参加紫坪铺面板堆石坝工程的建设。汶川地震后，当得知紫坪铺水利枢纽距离震中仅 17 公里时，他的心弦一下子就紧了。在他眼里，紫坪铺工程就像自己的"孩子"。得知水利部工作组要组织对工程进行现场查勘的消息，他主动要求亲赴灾区，想亲眼看看这个让他一直揪心不已、寝食难安的"孩子"。

2008 年 5 月 22 日，就在他到达灾区的当天，立即奔赴工程现场。他不顾年迈，在坝上一会儿溜下、一会儿攀上，仔细查勘大坝各个部位的震害情况；

他不顾众人的劝阻，登上冲锋舟，凑近大坝逐一观察混凝土面板、面板接缝的震损情况；他不顾昏花的视力，彻夜阅读各类技术报告，分析大坝的各种震害特征和技术数据，研究地震对大坝安全的影响；他不顾连日疲劳，参加了大坝抗震咨询会，又参加防渗系统修复审查会，扑下身子一工作就是7天。他以自己渊博的专业知识、丰富的工程经验以及对大坝的观察判断，提出了对大坝安全性评估的结论性意见，为最终确定震后大坝的安全性起到了至关重要的作用。

从灾区回家，他的心却留在了灾区。6月2日，当他得知中国水科院再次派员赴灾区参加紫坪铺水利枢纽大坝恢复正常蓄水及大坝修复策划工作时，他又一次要求前往灾区。到了灾区，他冒着烈日马上到现场进行查勘。他没有考虑余震的危险，却时刻考虑着他倾注了近30年心血的混凝土面板堆石坝的安全；他不在意灾区工作生活的艰辛，却十分重视未来几十年工程震害理论研究的完善。在他的指导下，专家组圆满完成了研究项目的策划，为今后紫坪铺大坝修复的顺利实施和相关研究工作奠定了良好的基础。

在他心中，只有震损的大坝，只有大坝震后的修复，只有灾区将来的长治久安。他爱大坝、爱灾区人民，胜过爱自己。

六上唐家山

8年前，蒋乃明作为长江工程建设局副总工和施工专家，受命危难，亲赴西藏林芝，参加易贡湖巨大山体滑坡的排险工作。8年后，已经68岁的他，身影又一次出现在唐家山堰塞湖排险工地，为举世瞩目的唐家山堰塞湖提供技术支持。

他忘记年龄，六上唐家山。当年诸葛亮曾六出祁山，为蜀汉霸业呕心沥血。而他六上唐家山，完全是为了灾区人民的安危。不断的余震，没有阻挡他坚定的步伐。滚滚的山石中，他依然登山不止。为了实地摸清唐家山堰塞湖险情，他在山上一待就是一天。在余震中，他曾站在一座已经垮塌一半的危桥上，仔细观察堰塞湖下游河道情况。踏着滑坡，他和几个专家硬是闯出一条到达堰塞湖下游的道路，首先发现了渗漏点。生命与他，早已物我两忘。在他的心中，堰塞湖的除险比他生命更为重要，灾区人民的安危是他最大的记挂。

在唐家山，他敬业的精神，渊博的知识，丰富的经验，给大家留下深刻的印象。他忘记年龄，与众多的年轻人一起摸爬滚打，风餐露宿。为了与时间赛跑，与洪水争速，他白天与大家一起设计会商，晚上与大家一起整理统计，苦熬到深夜。在唐家山堰塞坝设计施工中，他常常语出惊人，提出许多建设性的意见和方案，大家为之钦佩。唐家山作证：在唐家山艰难的山路上，有他趔趄的身影；在堰塞湖应急方案中，有他的辛劳和智慧；在堰塞湖深深的泄流渠中，有他的心血和汗水。

在灾难中，他冲在第一线。他的人生当因此而无愧，因此而精彩。

奋战灾区三十三天

2008 年是徐麟祥的本命年。已经 72 岁的他怎么也不会想到，这个本命年会与这次灾难一同度过，他本人的命运会与地震灾区人民紧紧相连。

巧吗？地震的那一刻，他正好在与一些专家讨论三峡升船机结构的抗震问题。他曾任长江水利委员会设计院总工程师，也是水利界为数不多的中国工程设计大师。职业的敏感，使他马上想到都江堰，想到紫坪铺大坝，想到地震灾区的众多的水库，会不会受到地震的影响，会不会对当地人民的生命财产安全造成的危害。

“发已千茎白，心犹一寸丹。”没人会想到这一夜他是在怎样的煎熬中度过。他早已满头银发，要不然，这一夜不知又要为他增添几多茎白。第二天一大早，他告别老伴，带上常备的降压药安眠药，与长江委的杨总匆匆上路。

这一去，竟是 33 天，是他有生以来出差时间最长的一次，也是他终生难忘的 33 个日日夜夜。

33 个日夜，他头顶烈日，攀登山崖。他足迹踏遍安县、江油市、游仙区等区县十多座水库。这种艰苦的生活和超强度的工作，对于年轻力壮的人，都是严峻的考验，何况他已年逾古稀。怕他身体吃不消，在他进入灾区的第 6 天，同事为他悄悄卖好了回武汉的机票。可唐家山堰塞湖这个对灾区人民威胁最大的定时炸弹不除，他说什么也不愿离开。余震的威胁，没能动摇他的意志。老伴和女儿的牵挂，没有将他扯回安乐的家庭。在他心中，灾区人民安危高于一切，他已经将自己的安危置之度外，将自己的生死与灾区人民连在一起。只要堰塞湖一天不排除险情，他就一天不撤出灾区。

33个日夜，他苦熬深夜，深思排险。震损水库的排除险情，有他睿智的分析判断和经过深思熟虑后的建议；唐家山堰塞湖紧急处置方案，有他多少个日夜苦苦的思索和审慎的意见。看到震损水库经过应急处理没有发生一起溃坝死伤事件，看着唐家山堰塞湖按照预定的方案一点点地泄流、水位一点点地下降、灾区人民的危难一点点地解除，他感到莫大的欣慰。

33个日夜，白发老人徐麟祥用他的行动，展示了老一辈知识分子光辉形象，赢得了灾区人民深深的敬意。

情满江河　德馨万里

凌先有

得知万里[1]老司长病危，我率离退局领导班子全体成员来到东方医院看望他，只见他插着氧气，仰卧在病床上，眼睛无神地向上望着。我凑到他耳边，大声地对他说："万司长，我们来看望您来了！"此时，他已经气息微弱，再也无法回应我了。没想到，就在我们离开后仅5个小时，2016年2月26日22时45分，万里的心脏停止了跳动。我得噩耗，已是第二天清晨。受陈雷部长委托，我陪同周学文副部长第一时间赶到万里家中哀悼，并看望慰问家属。而此时能看到的，只有悬挂在客厅墙上的万里遗像。

斯人已逝，音容犹在。我来到万里的书房兼卧室，看着那从地上直通到屋顶的两堵墙转角书柜里，摆满了各类书籍，既有马列毛泽东著作、邓小平理论和习近平系列讲话等政治类书籍，又有中外古典名著和哲学、经济类书籍。书桌上，一桶桶毛笔依然散发着淡淡的墨香。在他的床头上方，悬挂着他亲手写的"书房藏古今，卧室飘墨香——万里自述"的书法条幅。还有一幅悬挂在他床的另一端，内容是"品书读报玩电脑，写字下棋听音乐"，落款用小字写着："退休赋闲，每日六事，欣然有味"。这一切，都默默地向我们诉说着他生前的学习和生活，展示着他高雅的情趣和情怀。

万里具有很深的理论素养和坚定的理想信念。他1949年入军政大学湖南分校学习，1954年考入外交学院，毕业留校，先后任政治理论教研室讲师、教学组长和教研室主任。他对马克思主义理论有系统地学习和研究。在他担任水利部机关党委副书记期间，曾经为党员干部讲授《资本论》和政治经济学。

[1] 万里（1930.6—2016.2），中南军政大学毕业，曾任水利电力部机关党委副书记、水利部人事劳动教育司司长。

1987年国庆节前夕，他以《党的最终目标和现阶段的总任务》为题，为水电部党员干部讲了一次深刻的党课，他在党课中指出："我感到我们过去学习和运用马克思主义时，有一个很大的缺点，就是只了解马克思主义的某些结论，而基本忽略了马克思得出这些结论的条件和分析问题的方法。"因此，他认为马克思主义提供的不是现成的教条，而是研究问题的方法。他要求党员干部要学习马克思主义理论，"根据它的基本原则和基本方法，不断根据变化着的实际，探索解决新问题的答案，从而也发展马克思主义理论本身。"他还要求共产党员"一定要保持共产党人的思想纯洁性，千万不要降低自己的思想标准。"他说："共产党员，过去在战争年代，要经受血与火、生与死的考验，在执政条件下，要经受权力的考验。"他要求党员干部深入学习马克思主义的观点和方法，正确理解中国特色社会主义，积极投身改革的伟大实践。他说："我们这一代和今后的若干代只能按照既定的目标，竭尽全力跑好自己的这一棒。我们共产党人，只要在共产主义学说的指导下，发扬愚公移山精神，子子孙孙奋斗下去，在中国这块土地上，共产主义的社会制度是一定能够实现的。"他的这次党课洋洋万言，立意高远，感情真切，并通过《学习参考资料》印发全国水利电力系统。我当时虽然没有亲耳聆听这次党课，但在他去世后我找到这份党课资料反复阅读时，依然能感受到他深邃的思想和澎湃的激情。

万里对党和国家一直深怀大爱。十年前，在纪念中国共产党建党85周年时，《水利老年天地》杂志征文，我曾约他写一篇文章。他写好后亲自送到我办公室，我一看题目，就"执政考验"四个字。文章开门见山："我认为，我党现在面临的考验比战争时期还要严重。战争时期稍有不慎就有杀头或全军覆没的危险，因此要完全依靠群众，一切从实际出发，实事求是，全党对此都比较注意。和平时期，执政地位、改革开放的考验就不同了。党容易产生高高在上、腐化堕落的现象。"他提出要居安思危，加强执政党的作风建设，要坚定不移地深化改革，坚持科学发展观，建立和谐社会，树立良好的社会道德风尚。文章最后，他指出："我认为，只要我们国家社会稳定，经济、科学不断发展，人民生活逐年改善，只要全党有清醒的头脑，在复杂多变的国内国际环境中，审时度势，趋利避害，领导全国各族人民不断前进，再经过几十年的努力，中国在世界上的地位将大大提高。我对此充满信心。"这篇文章后来刊登在《中国水利报》"纪念中国共产党成立85周年特辑"上。万里离休后，时刻关注国家发展。2009年9月14日，水利部召开纪念新中国成立60周年座谈会，万里在参加会议时，带来了他书写的自己诗作："汶川地震金融潮，多难兴邦国自豪。独特体制抗风险，纵观全球谁比高?"抒发了对中国特色社会主义道路和社会主义制度的自信和自豪。记得当我和同事帮他在会场上向与会同志展示时，全场爆发出了热烈的掌声。

万里离休后时刻关心水利改革发展。我每次去他家中看望慰问，他都要详细询问水利部的工作动态和改革发展情况。2011 年中央颁布实施了《关于加快水利改革发展的决定》的 1 号文件，万里对此无不欢欣鼓舞。他欣然写了《学习一号文件随感》："水多水少两类灾，以多补少难又难。如使多少能持平，大禹再现也惊叹。大小坝堤多多修，抗旱拦洪两兼顾。合理调配水资源，防污节约又保护。一号文件像盏灯，指引水利向前进。水利工作任务重，看准目标快步奔。"他的欣喜之情、期盼之情，跃然纸上。2013 年初，他的体质已经明显下降，步履蹒跚，但他对水利的情怀丝毫未减。我去看望他时，他将自己刚刚写好的几首新诗交给我。他在《咏水谣》中写道："育我人类，养我中华，情比母深，恩比父大。无水就没有人类繁衍，无水也没有城乡繁荣，无水则没有青山绿洲，无水更没有风景如画。"可以看出，他对养育人类万物的水如此饱含情深。他在另一首《治水谣》中写道："水多水少水又污，三大灾害压心头。科学治水有良策，排蓄并用又治污。节约用水人人责，水源稀少贵如油。南北东西在调水，低水也向高处走。水源多少求平衡，沙漠逐渐变绿洲。大禹治水是历史，现代李冰胜一筹。呼风唤雨若做到，人类历史展风流。"他在诗中热情讴歌现代水利的飞速发展，并对水利科学技术的未来充满期待。

万里曾任水利部人事劳动教育司司长，可惜我没能赶上做他的部下。我 1996 年到人事劳动教育司交流工作时，万里已经离休。记得到人事劳动教育司工作后，一切都是陌生的，非常荣幸的是，我找到了一份万里 1990 年在全国水利系统人事工作会议上的讲话，正是通过这份讲话，我全面了解了全司工作的职责和思路，帮助我很快进入了角色。也是这份讲话，我多次向他求教，将他作为自己的良师益友。我们成了忘年之交。2010 年中秋节，我给他发祝福短信，他在中秋之夜 10 点多给我回复："天上月正圆，人间有温暖。凌局情意重，使人永怀恋。"随后，我们不断有诗唱和。2011 年春节，我发短信给他："凌空拜大年，先拜您府前。有福献给您，祝您合家欢。"他回复道："藏头好诗文，水利润人才。兔年振翅飞，天空展凌云。"直到他卧床之后，才没有再一一回复我的节日祝福和节气养生短信。2015 年他 85 周岁时，我去他家中看望他时，他无不歉意地说：“你每次发给的短信，我都一遍一遍地反复看，让我高兴好几天，全部存在手机里，舍不得删除。可是我现在是只能看不能回了，实在是抱歉啊！”我对他说：“只要您能看，喜欢看，我就给您编，给您发，我是从来不求您回复啊。”这是我的真心话。我知道，不管他回与不回，我们一直莫逆于心。在我心里，只要他能健康地活着，愉快地活着，我无论为他做什么我都愿意。

然而天不遂人愿，万里还是在他还没有来得及过86岁生日时，匆匆地走了。为了表达对他深深的怀念之情，在送别他时，我为他写了一幅挽联：“情满江河德馨传万里，心系水利功业留千秋。”愿他魂归九天，德馨万里。

百岁老人　壮心不已

——水利部离退休干部局为百岁老人陈炯新祝寿

边　婷

2019 年 2 月 22 日，在原水电部科技司副总工陈炯新老人 100 周岁寿辰之际，离退休干部局党委副书记李青和行政福利处、党委办公室以及白广路一支部的代表一行人来到陈老家中为他祝寿，代表离退休干部局全体职工和陈老所在的白广路一支部向陈老致以诚挚的生日祝福。

年至期颐的陈炯新精神矍铄，思维敏捷，言辞流畅。面对祝福，陈炯新老人双手合十，盛赞以习近平为核心的党中央的坚强领导，感叹改革开放的巨大成就，感谢党和国家对老干部的好政策，感激离退休干部局长期以来的关心照顾和周到服务。

陈老十分关心水利改革发展，当听到李青向他介绍近期水利工作时，勾起了他对自己 42 年水利工作生涯的回忆，往事历历在目，陈老娓娓道来。

艰难险苦热血赤忱永不改

大学毕业后参加工作的第一年，陈炯新就投身嘉陵江上游河道治理，带领广白段炸礁队。在一次任务中，陈炯新疏散了工人，独自乘三格木舟去接通炸药包的引线，只听轰的一声巨响，礁石被炸飞，一块礁石砸穿了木舟的第一格，而陈炯新就躲避在木舟的第二格里，险些送命。1969—1976 年在水电部五七干校期间，在一次劳动中，陈炯新被推车砸中脑部当场昏厥，造成严重脑震荡、脑组织挫伤。艰苦的工作条件和两次与死神擦肩而过的经历并没有把陈炯新吓倒。第二次受伤住院，伤势稍有好转，他便要求重回岗位，投入工作。

说至此，陈炯新解释道：“当时年轻，不怕死，天不怕地不怕的。”霎时间在这位老人身上，仿佛看到了过去那个迎难而上的热血青年。

科技研究创新篇

陈炯新学的是农田水利专业，在长期工作中累积了丰富经验，于国家而言是不可多得的水利人才。面对国家需要科技人才的境况，1977—1978 年，陈炯新来到水科院调度所水利组工作，参加节水灌溉项目，潜心研究滴灌中使用的滴头，极大提高了农田灌溉效率。1978 年他与徐乾清到水电部里新成立的科技委工作，投身水利科技工作，参与中国水利河源长期规划，负责国家水利项目与地方的联系，著有《小流域水利规划手册》等，以丰富的经验和智慧指导工程建设，有力促进了水利科技的发展进步。1994 年 1 月陈炯新被国务院批准享受政府特殊津贴。

壮心不已献余热

老来多健忘，唯不忘相思。陈炯新的相思，因对国家热爱而生，在长期水利事业建设的奉献中滋长，为岁月沉淀，历久弥香。沙发上堆积着厚厚一摞《人民日报》《北京青年报》，书柜里排列着各类水利工程书籍，百岁的陈炯新每日坚持读书看报，内心时刻牵挂党和人民事业发展，关注着水利事业的改革发展进程。百炼钢成绕指柔，这位刚毅老人，在桑榆晚年以一份柔情感恩祖国回报社会。退休后他经常参加一些水利工程和水利科技咨询工作，参加支部和社区活动，捐款捐物奉献爱心，并于 2011 年办理了遗体捐献公正手续。他说：“我退休了，不工作了，国家还给我发退休费，生病住院国家要花那么多钱，我死后就要把遗体捐给国家”。陈炯新向大家展示了一位水利人的高洁品质。

临别时，大家赞叹从陈老身上看到了“忠诚、干净、担当，科学、求实、创新”的新时代水利精神，对陈老初心不改、无私奉献表示崇高的敬意，衷心祝愿陈老健康长寿，共同见证水利事业发展的美好明天。

明德惟馨立身心　古梅点红暖人间

——访金辉老人周锡岐

丁瑞琳

周锡岐，中共党员，水利部退休干部，曾连续十余年担任水利部离退休干部局社会路活动站支部书记。多年来，始终以共产党员的标准严格要求自己，服务老同志，关注国家和水利事业发展，积极参与社区活动，充分发挥了一名老共产党员的先锋模范作用。

致力支部建设，打造党员家园

周锡岐退休后，婉拒了多个部门的回聘邀请，连续十余年担任社会路活动站党支部书记，他说："支部是老干部的第二个家园，是党联系老干部的重要桥梁和纽带。"凭着强烈的事业心和责任感，无私奉献，全心全意为老同志服务，加强党组织建设，打造一个温暖的党员之家。卸任后，他仍关心支部工作，对新一届支部传授经验，积极支持工作。在周锡岐和支部同志的努力下，社会路党支部先后被水利部机关党委和离退休干部局党委评选为"先进基层组织"和"'五好'党支部"，周锡岐本人也多次荣获水利部、离退局"优秀共产党员""先进党务工作者"等荣誉称号。

积极发挥余热，投身公益事业

作为一名退休干部，周锡岐坚持老有所学，永葆党员本色，他时刻关注党和国家的大政方针和水利事业发展，每天读书看报坚持学习，多次在支部座谈时发表意见建议，积极向水利事业建言献策，为党和人民事业增添正能量。每年的“世界水日·中国水周”，他都积极组织并参加社会路党支部与月坛社区联合举办的节水护水宣传活动，带领支部党员深入月坛社区宣传节水护水知识，发放节水宣传用品，耐心讲解并亲自示范节约用水、保护水资源的生活小窍门，充分发挥离退休老干部的余热。

积极面对生活，展示阳光心态

周锡岐同志的夫人前几年因患黑色素瘤癌症去世。在爱人患病期间，他自己的身体状况也不好，然而他努力克服种种困难，在身边亲自照顾，一直陪伴到她生命的终点。妻子走后，他主动承担照顾岳母的责任，尽心尽力。周锡岐本人已年逾七十，还帮助岳母修理下水管道。岳母重病期间，他像亲生子女一样悉心照料，直到岳母离世。在经历各种家庭变故之后，他并没有消沉下去，而是主动走出阴霾，每天坚持锻炼身体，读书读报，积极参加水利部离退局、支部和社区组织的各项活动，多次获得扑克牌、麻将、环湖走等比赛奖项。他心态积极阳光，家庭和谐温暖，经常主动帮助街坊邻里解决问题，向家人和身边的老同志传播正能量，受到支部老同志及月坛社区居民的好评。

水 样 情 书

李佳奇

在那百废待兴的激情岁月里，无数水利儿女在人迹罕至的山川大河披荆斩棘、历尽艰辛，创造出一个个高峡出平湖的伟大壮举。他们当中还有一群伟大的女性，忍受着与爱人分离的苦楚、无暇抚育儿女的愧疚、难以膝下尽孝的自责，巾帼不让须眉，奋战在水利工程第一线，为新中国水利事业做出了重要贡献，她们的功绩应该被后人铭记。82 岁的退休女干部李佩贞就是其中一员，她用 13 年的坚守为世人讲述了一段谱写在水利工地上的感人爱情故事。

爱上又红又专的男生

1959 年 4 月，李佩贞中专毕业分配到永定河水电工程局技术科。在学校时，她是女子篮球队的明星队员，带领球队获得过北京市中专学校篮球比赛的冠军，进入工程局后也成了女子篮球队的主力前锋。她运动天赋非常好，在篮球场上跑得快、跳得高、投得准，下快攻时一个冲刺就把对手甩在身后。李佩贞不仅篮球打得好，长得还漂亮，性格落落大方，是很多男同志心中的“女神”。

1959 年 8 月，李佩贞经人介绍，认识了北京水电勘测设计院驻工程局设计代表组的刘福鉴。刘福鉴阳光帅气，风度翩翩，也是篮球爱好者。他还是根正苗红、又红又专的青年才俊，20 岁就在学校入党，23 岁就当上了设计代表组副组长。李佩贞被优秀的刘福鉴深深地吸引了，刘福鉴也对她一见倾心。两人相互爱慕，相互崇拜，自然而然地走在了一起，成为了羡煞旁人幸福的一对。

还没结婚就开始异地

1961 年，位于吉林省集安市、横跨鸭绿江干流的云峰水电站正在如火如荼的建设中。云峰水电局人手不够，向水电部提出请求，从永定河水电工程局借调 1000 多人，借调期为 3 年。

工作能力突出的李佩贞是被圈定借调的一员。当时两人正在热恋中，李佩贞又是土生土长的北京人，对于离开北京，离开未婚夫和家人，去当时还十分寒冷荒芜、路途遥远的关外工作，她犹豫不决。刘福鉴跟工程局的领导十分熟悉，如果他主动向领导说明俩人即将结婚的实际困难，领导有可能会有所照顾，同意留下她的。然而，刘福鉴没有找领导求情，还鼓励李佩贞："你是一个共青团员，还在争取入党。三年时间并不长，先去那头锻炼锻炼吧。"李佩贞得到了刘福鉴的支持，便义无反顾地离开首都北京前往东北。

可后来发生的事情却让两人始料未及，到了吉林以后，原定的 3 年借调合同被作废了，由借调变成了调转，户口也迁到了工地。在当时的体制下，迁户口意味着这些人将无法回到北京。李佩贞心凉了一截，但想到自己是一名共青团员，工地又缺乏有经验的技术人员，还是心无旁骛地扎根在工地。

书信很慢，等一封回信要 80 天

1962 年 2 月，李佩贞请假回到北京，与刘福鉴办了简单的婚礼。蜜月后，她独自踏上了驶向白山黑水的火车。不难想象，前一天还是世界上最幸福新娘，后一天就要孤身奋战在天寒地冻的鸭绿江边，是多么大的心里落差。半个月后，刘福鉴也被组织派到十分危险艰苦的西藏援建水利工程。

当时交通、通信都极不方便，工地没有电话，书信是她们寄托思念、化解相思的唯一方式。这对新婚夫妇天各一方，相距 4000 多公里，寄一封信要 40 多天，等一封回信就要 80 多天，一年只能通信 4 次。李佩贞从寄出信的那一刻开始就惴惴不安，一会儿担心送信的车被西藏叛匪劫了，一会儿又担心冬天的细心叮嘱春天才能收到……信像是风雨中泅渡的小船，载着满满的爱意和全部的寄托，在李佩贞的目送下踏上前途未卜的征程。

每当收到回信，李佩贞都像是祈盼糖果的孩子，充满期待和欣喜，小心翼翼打开信封，当看见“亲爱的佩贞同志……”这熟悉而俊美的字迹时，心就开始怦怦跳，仿佛丈夫就站在自己的面前。她恨不得一口气把信读完，又舍不得读得太快，想要细细吸允、慢慢品味。读完以后，她把信藏在枕头边，每当想念丈夫或遇到难处无处倾诉时，都要偷偷拿出来，一遍遍摩挲、端详这些暖心的信件，眼角泛起泪珠，嘴角却向上扬起，仿佛依偎在丈夫宽广的臂膀中，又重新汲取了昂扬的力量。

远在家里的老父老母对他们十分惦记，担心刚刚结婚就分离这么远，能不能坚守住婚姻，会不会分手？但李佩贞却十分安心，她信任丈夫，信任爱情，相信他们的心是紧紧连在一起的，爱情永远不会被距离打败。

一年后，刘福鉴根据组织安排立即返回北京。尽管此后他们还是写信联系，但方便了很多。那段苦涩而温馨的书信经历，成为两个人难以忘却的新婚记忆。

报喜不报忧，只为让爱人放心

李佩贞在来工地前，已经做好遭遇各种困难的心理准备，但真正到工地后，才发现困难远远超过预想。当时我国正处在三年困难时期，各地物资匮乏，粮食短缺，吃饭是工地上的一个大难题。有一次炊事员竟然做了一道“臭豆腐炖茄子”，味道令人作呕，平日从不挑食的工人们都难以下咽。直率的李佩贞为了保障工人特别是女工人的权利，端着这道菜向领导反映情况。领导严肃批评了炊事员，要求他必须端正态度，确保辛苦的工人们能够吃上可口的饭菜。但在当时，炊事员更多是巧妇难为无米之炊的无奈。

1963 年春天，李佩贞怀孕了，仍旧坚持进隧洞施工。繁重的体力劳动加上严重的营养不良，她的身体十分虚弱。好在有老同学和朝鲜族小姑娘送来些许食物，让她补充了一些营养。李佩贞临盆前回到北京，生下女儿两个月后，留下嗷嗷待哺的孩子，只身一人返回工地。临行前，她故作坚强地跟家人挥手告别，上车后却再也控制不住情绪，失声痛哭。直到现在，李佩贞仍旧充满愧疚之情，认为怀孕时营养不良，并且没有母乳喂养，才导致大女儿现在身体状况不佳，自己没有尽到一名普通母亲的责任。每每谈及此事，她都忍不住落泪，成为心里一块无法愈合的伤疤。

同时，李佩贞还要努力克服居住方面的困难。当地寒冷时间长达8个月，温度低于－20℃，李佩贞居住在四面透风、没有取暖的简易工棚。为了保暖，她晚上睡觉要戴着口罩，一觉醒来鼻子、眉毛、头发上全是冰霜，同志们开玩笑说："看啊，'白毛女'来了。"

有一天，时任工程局副局长的陈赓仪（后曾任水利部副部长）来隧洞检查工作，关心地问李佩贞："你想家吗?"她脱口而出："非常想呀!"陈赓仪踱着自己的老寒腿，语重心长地说："我也非常想家呀，但是为了水利事业，我们得坚持下去!"看到年长许多的局长还在这里咬牙坚持，李佩贞深受教育和感动，她下定决心无论遇到多大困难都不能退缩。

对于李佩贞而言，生活中再大的困难也是小事，工作中再小的事情也是头等大事。她坦言，自己干起活来丝毫不比男同志差，总是有使不完的劲，但走在工地上却小心翼翼，很怕跌倒受伤，怕的其实不是疼，而是受伤耽误工作，自己是木模段唯一的技术员，倒下了就没人能顶替。

李佩贞由于工作认真负责，提前完成了任务，节约了木材，荣立了一次"大功"。因为当时纸张紧缺，这张"大功"证书只有一张便笺纸那么大，但在李佩贞心里却是沉甸甸的，这是她为水利献青春的见证和肯定。

可是在给丈夫的信中，她只写自己取得的成绩，从未提及背后的艰辛和泪水，或许埋藏下自己受的苦，不辜负丈夫的期待，不让丈夫担心自己的处境，展示出最幸福、最坚强的一面，就是对丈夫最深沉厚重的爱。这种爱源于中国女性的贤淑，更源于献身水利的坚韧，一柔一刚间，彰显出爱情的伟大。

相濡以沫育两女

1965年2月，组织考虑到两人的实际困难，将李佩贞调到位于天津的海河设计院。虽然还是分居，但距离近了，照顾起孩子和家庭也方便很多。1969年11月，他们的第二个女儿也出生了。

1970年2月，由于李佩贞所在的海河设计院下属部门解散，她被下放到山东水电十三局工作。她一个人带着女儿来到山东，由于住房紧张，她们住在一个死水坑边上的平房里。夏天蚊虫横飞，每天要打死几十只蚊子才敢入睡，一到晚上又是蚊子的天下，孩子被叮得全身是包，让李佩贞十分心疼却又无能为力。冬天更难熬，没有配给煤，他们只能依靠同学接济的蜂窝煤取暖度日。

刘福鉴此时在水利部从事外事工作，工作繁重，经常出国，无法分担更多的压力。李佩贞只好一边继续努力工作，一边抚育两个女儿。有一次参加完单位组织的夜间学习，李佩贞刚打开家门，发现独自在家才两岁的小女儿哭着要找妈妈，女儿的一只小脚已经下地，踩着没来得及穿上的小拖鞋，另一只脚还搭在床上。李佩贞赶紧上前抱住女儿，立刻泪如雨下，所有的孤独无助在那一刻释放了出来："如果你爸爸能在咱们身边该多好呀!"

1974 年 12 月，在组织的关怀下，李佩贞终于调回到北京，一家人结束了长达 12 年零 10 个月的两地分居，开始过上了长期幸福团聚的生活。没有了相思之苦，减轻了家庭负担，他们将更多的精力投入到工作中，不断为水利事业做出贡献。

为什么不早告诉我呀

2016 年 12 月 24 日是刘福鉴的 80 岁寿辰，水利部离退休干部局工作人员和社会路离退休党支部书记、委员为他祝寿，大家坐在窗明几净的小屋里相谈甚欢。李佩贞无意间说起当年寄一封信要 40 多天的细节，在座的人都深受触动，局领导当即提出派人详细采写两人的工作生活经历。他们欣然答应，表示要好好整理一下文字材料。

这次偶然引起的采访，再次唤醒了尘封 50 多年的记忆。原来李佩贞在当时的通信中没有提及困难，此后她虽然倾诉过这些遭遇，但很多揪心的细节并不被刘福鉴知晓。在整理文字材料时，李佩贞数度落泪，刘福鉴的心情也十分沉重，在她身旁喃喃自语："为什么不早告诉我呀。"他不断责怪自己的年少无知和粗心大意，竟然没有察觉到妻子在工作、怀孕、养育女儿时的艰辛。在采访时，刘福鉴老泪纵横，悔恨地说："虽然当时我在北京营养不良，身体浮肿，生活也很困难，但好歹也是城市啊，没想到她受这么多苦，在怀孕时什么都吃不上，我竟然一次吃的都没给她寄过，哪怕寄一个糖块也好呀!"

但李佩贞从来没有埋怨过丈夫，她知道丈夫深爱着自己，也感激丈夫为自己所做的一切。特别是两人团聚后，丈夫像亲儿子一样伺候瘫痪的岳母长达17年，让李佩贞无悔于当初的付出。在她亲手撰写的文字材料中有这样一段话：由于他年纪大了，身体欠佳，我照顾他十分艰辛，但我是他老伴，何况他对我有恩，我会全力以赴把他照顾好，尽到我作为妻子的责任。

坚守十三年相濡以沫，执手六十载爱比金坚。这就是一位普通水利女兵的爱情故事，虽然没有海誓山盟的情话和玫瑰装点的浪漫，但融入家国情怀的爱情更加质朴与感动。那段故事已经远去，但那份真情却从未消逝。当我们拧开水龙头时，那哗哗流淌出的不仅是甘甜的水，还有老一辈水利人倾注的青春、梦想和爱情，一直在为我们守护着那一泓净水。

心系祖国复兴　献身水利事业

李曼卿

2019年是伟大祖国七十华诞，我为祖国的辉煌成就感到无比欢欣鼓舞，作为归国华侨，回首往事，心潮澎湃，感悟人生，是党指引我走上革命道路，使我不断前进。

我祖籍是广东汕头潮阳，祖父在旧社会因生活贫困，跑到南洋（印尼）卖苦力，当码头工人，进而把我父亲带到南洋去当学徒、店员，由于父亲勤奋刻苦，逐渐地自己开了商店。父亲爱国爱乡，热心公益事业，为家乡捐资办学、修路、修桥等，被推选为印尼雅加达潮州商会主席。1959年应国家领导人的邀请，回国观光并参加国庆十周年天安门城楼观礼。

1945年8月日本投降，在印尼雅加达的爱国侨领司徒赞、刘宏谟以及我国在印尼的中共地下党刘耀曾、李易洪等老师，积极筹建了巴城中学（简称巴中），占领华侨教育阵地，我的中学生活就是在巴中度过的。巴中是著名的爱国华侨学校，校训为“乐观、进取、合作、奉献”。我其时单纯热情，求知欲强，在如饥似渴地学习科学文化的同时，也学习革命进步书籍，探索生命的价值，追求闪光的理想。

1953年我在巴中高中毕业，怀着满腔的爱国热情，投向祖国怀抱。中华人民共和国成立前，父亲原来计划让我赴荷兰留学学医，中华人民共和国成立后，父亲见我决心回国，表示赞同。但当时印尼当局刁难我们，威胁我们凡回国者必须签字发誓“今后永远不再返回印尼”，怕我们回去闹革命。我毅然签字登上“芝万宜”海轮回国，于当年考入天津大学水利系，1955年院系调整至武汉水利学院，决心学好本领建设祖国。

李曼卿，水利部水文局离休干部、印尼归国华侨。

1957年大学毕业时，我向高教部申请去边疆参加水利建设，如愿以偿地分到地处边陲的黑龙江农垦部农垦水利勘测设计院，从事垦荒水利工作。当时设计院的院长、书记都是老红军、老革命，他们为党和国家的事业出生入死，是我学习的榜样。开垦黑龙江北大荒的沼泽，首先要排水和修建水库，因此需要进行水利查勘和收集资料，然后才能规划、设计、施工。当时北大荒条件是十分艰苦的，水利查勘全凭迈动两条腿，在荒原上一天要走五六十里地，吃的是高粱米、窝窝头，住的是帐篷、泥草房，而且冬天气候十分寒冷，由南洋热带30℃到北大荒的－30℃，绝对温差达60℃多，生活环境极大的差异，这对来自热带印尼的我是十分严峻的考验。但这些困难都没有压倒我，相反地我总是满腔热情、干劲十足、顽强战斗，和男同志一样“头上青天一顶，脚下沼泽一片”，淌漂筏、过洼地、迎寒风、踏冰雪、风里来、雨里去，一心把青春献给祖国的水利事业。有一次我为了查清一个水源拦河坝资料，在深厚的雪地中步行60多里，最后查清了资料，而我却晕倒在雪地上。

我在北大荒克服了重重困难，胜利地完成了水利资源的调查任务，参加编制开发三江平原的水利规划，并参加设计、施工大中型水库和排、灌渠系等水利工程。在北大荒20年的漫长岁月里，同数十万转业官兵、支边青年和广大干群一起参加垦荒水利事业，使昔日的北大荒变成了今日的北大仓，现在年产粮食200亿公斤，成为国家重要商品粮基地。我在垦荒事业中先后多次被评为三八红旗手、五好干部、先进工作者，于1966年3月光荣地加入了中国共产党，并被选为佳木斯市人民代表、政协常委，黑龙江省妇女代表，黑龙江省侨联代表，黑龙江省政协、省人大特邀代表和佳木斯市华侨工作组组长。

我爱人徐世钧是我的大学同学，我们均是团干部，大学毕业时一起向高教部申请要求参加边疆建设。他工作勤奋拼搏，被誉为“暴风雨中的雄鹰”，他在建设边疆第二年即被批准为光荣的共产党员，先后多次被评为五好干部、先进工作者、建设社会主义积极分子、优秀共产党员。由于我俩志同道合，感情升华，于1959年结为终身伴侣，决心为祖国水利事业奉献终生。

1976年我调到水利部治淮委员会（简称“淮委”）工作，负责淮河流域规划的水文工作，曾带领淮委水文工作组在南京大学指导南大地理系毕业班学生进行沂、沭、泗设计洪水分析计算。1978年被评为淮委先进工作者，并被选为蚌埠市妇女代表和常委。

1980年初调水利部工作，在水文局赵珂经局长领导下，我参加联合国开发计划署（UNDP）援助的项目“发展全国水资源资料及技术转让中心”（CPR/80/018项目）工作，进行联合国世界气象组织（WMO）的水文业务综合系统（HOMS）的国际技术交流和全国水文数据库建设。

全国分布式水文数据库系统是根据原国家计委确定的《国家级数据库建设方案》所规定的第一批优先开发的国家级大型数据库之一，也是联合国开发计划署援助的CPR/80/018项目规定的任务。全国水文数据库的建设，是为开发水利、防治水害、保护环境和其他国民经济建设的基础工作，是用先进的计算机技术来储存、检索、计算水利工程的水文资料，取代传统的水文年鉴的服务方式，是水文技术改革的重要内容之一。我作为项目负责人，参加项目开发的全过程，前后经历8年时间，组织了长江水利委员会、黄河水利委员会、珠江水利委员会的有关部门，江西、福建、山东水文总站，水科院水资源所、南京水文水资源研究所，河海大学计算机系、水文系等十多个单位进行了水文数据库开发建设工作，先后建成了11个试点数据库。接着组织进行全国分布式水文数据库总体设计，制定了有关技术标准，选定了ORACLE作为数据库管理软件。该项目1995年获水利部科技进步二等奖，我是项目第一完成人。

为了吸取国外先进经验，1981年被派赴美国、加拿大、比利时进行技术考察，回国后编写了《比、加、美水文数据库考察报告》，并先后翻译了美国、英国、法国、澳大利亚等国的水文数据库资料。

1985年出席日内瓦WMO的HOMS会议，会后聘我作为专家在日内瓦编写了HOMS咨询手册的部分内容，回国后聘金全部上交。

1986年12月出席在印尼万隆召开的国际会议，发表了学术论文。

1989年新西兰公共工程部出资邀请我到新西兰进行数据库技术合作，并在新西兰国家电视台发表技术演说。

1988—1993年任联合国WMO亚洲水文工作组成员，1994年被任命为联合国WMO亚洲水文工作组主席、二区协水文顾问。

1992年7月随水利部杨振怀部长作为中国水利代表团成员访问印尼，进行水利考察和技术交流。1994年出席在日本召开的世界减灾大会，并发表了论文。1995年11月到越南河内主持亚洲水文工作组会议，出席会议者有联合国官员，世界水文委员会主席（德国教授Dr. Hofius），俄罗斯、日本、印度、巴基斯坦、印尼、越南等十多个国家的报告员，由我做亚洲HOMS工作总结和主持各国报告员分工的专题汇报，并组织讨论研究进一步开展国际合作等问题。主持会议获得联合国世界水文委员会主席的好评。

1996年我从岗位上退下来之后，接着还继续进行一段HOMS国际技术交流等工作。2000年《中国水利百科全书》编委会聘我为该书第一分支“综合”分支的学术秘书，并参与该分支的撰写和审核工作。该书于2006年1月由中国水利水电出版社出版。

旧社会我们华侨是海外孤儿，受人欺凌歧视，中华人民共和国成立后华侨有强大的祖国做靠山而扬眉吐气。党的领导人教导我们，要做好归侨、侨眷、海外华人的工作，起到桥梁纽带作用。自20世纪60年代初我积极参与侨联工作，曾被选为水利部侨联第一届（1992—1997年）、第二届（1997—2003年）副主席，积极宣传贯彻党的侨务政策，团结海内外侨胞，依靠党组织为归侨、侨眷排忧解难。曾被评为侨联工作积极分子和北京市侨联“为八五计划十年规划做贡献”先进个人。

回顾回国60多年来，在党的关怀、哺育和教导下，我由一个幼稚的华侨青年成长为一名国家干部，被评为教授级高级工程师，并享受国务院有突出贡献专家的政府特殊津贴，这一切我由衷地感谢党。

今年是新中国成立70华诞，我国全面实行改革开放，取得举世瞩目成就，发生了翻天覆地的变化，海内外同胞无比欢欣鼓舞，同圆共享中国梦。我坚信在党的正确领导下，我国一定能实现“两个百年”奋斗目标，一定能把我国建成一个富强、民主、文明、和谐的社会主义现代强国。

一名共产党员的“特权”

李佳奇

最近，反腐题材电视剧《人民的名义》好评不断，在微博、朋友圈引发热烈议论。这部主旋律题材电视剧能够引起全民关注，不仅是因为一群老戏骨的精彩演出，更关键的是敢于揭露黑暗、自爆家丑、直面问题，展示了中国共产党从严治党的决心和信心，也引发了全社会的思考和讨论：党员干部究竟有什么权，又该如何用好权？

剧中第 8 集有一段催人泪下的情节：老革命陈岩石亲赴省委常委会，讲了一堂特殊党课——1945 年，他虚报了两岁火线入党，申请了背炸药包炸毁敌人碉堡的共产党人“特权”。老一辈共产党员用鲜血诠释了“特权”的含义，让人热血沸腾、热泪盈眶。

也许有的观众认为，这是电视剧中一种夸张的表现手法，或者只是在革命战争年代才特有的现象。那么在新中国建设时期，水利战线上一名共产党员的“特权”又是什么呢？

1961 年，坐落于拉萨河的纳金水电站出现了顺流大坝管涌、溢洪道损坏、丁坝损毁等严重安全问题。纳金水电站于 1958 年动工兴建，1960 年正式向拉萨送电，装机容量 7500 千瓦。它是西藏和平解放后兴建的第二座水电站，结束了拉萨不通电的历史，被誉为“拉萨河畔夜明珠”，经典西藏民歌《逛新城》也歌颂它，“纳金日夜发电忙，接起线来家家亮，拉萨日夜放光芒呀……”

水电部应西藏工委要求，选派 3 名水利技术专家援建除险加固工程，援藏期至少要一年。被派到西藏，意味着要面对生活环境艰苦、高原反应等诸多困难，甚至还要做好牺牲的准备。虽然一线水利工作都很艰苦，但这项工作显然是最难啃的骨头之一。

困难再大，也要有人去完成，派谁去？谁愿意去？——在当时，这两个问题其实并不难回答。

“最艰苦的工作就要派最优秀的共产党员，能被委以重任就是党员的光荣呀!”年逾80岁的刘福鉴深情回忆起被选派到西藏的情形。

当时26岁的刘福鉴是北京水电勘测设计院的青年才俊，他凭借良好的政治素养和过硬的业务能力，学生时代就加入中国共产党，还是设计院水工一处党支部委员、院团委委员、水工一处团支部书记，获得过团中央颁发的社会主义青年建设积极分子荣誉称号，并在怀仁堂受到国家领导人的接见、授奖。临危受命是组织的信任和培养，他毅然接受这项光荣而艰巨的任务。

然而就在接到任务的几天前，刘福鉴才刚刚在北京完婚，和妻子李佩贞还沉浸在蜜月的幸福之中。李佩贞工作在吉林，正在参加云峰水电站的建设，这意味着两人即将天各一方，长久分居。在送李佩贞返回东北时，他们故作坚强，互相鼓励打气，最后还是控制不住情绪，紧紧相拥，潸然泪下，继而失声痛哭。

1962年3月，刘福鉴一行三人踏上前往拉萨的“天路”，而这段路竟然走了将近一个月。他们先是坐火车途经兰州，在甘肃最西部的红柳园换乘卡车，翻过祁连山和青海盐湖，在青海省中部的格尔木市停留集结。前方匪患猖獗，要聚集足够多的人，由解放军护送才敢上路。他们在这里等了一周时间，凑了几十人，乘坐长途公交车继续前进，每辆车还跟着两名荷枪实弹的解放军战士。由于基础设施落后，交通状况极差，车在青藏高原的土石路面上行进十分艰难。每天一早出发，只能前进一二百公里，天黑前必须赶到下一个兵站，否则在野外过夜有可能遭到叛匪偷袭。

由于公交车剧烈颠簸摇晃，加上高原反应，车上所有人都严重晕车。司机为了赶路，也无法让大家停车休息。他们就在车上呕吐，没有东西接，只能直接吐到脚下。一些人还由于水土不服拉肚子。有一位同志突然肚子疼，大声呼喊，“快停车！快停车!”大家还没反应过来，就已经拉了裤子。呕吐物、排泄物、柴油的味道混杂成浓烈的酸臭气味，让人更加作呕。

过了一周，车队终于抵达拉萨。刘福鉴对拉萨印象最深的不是雄伟的布达拉宫，而是西藏刚刚废除农奴制后的贫穷落后。他回忆，市内没有公共厕所，无论男女老少都当街大小便；农民没有柴火煤炭，只能烧牛粪，生火做饭时烟雾呛人……纳金水电站为拉萨送去的不仅是电，还有终结漫漫长夜的曙光，让藏族同胞真切感受到了中国共产党的恩情和祖国的温暖。

刘福鉴深知肩上的担子有多重，下决心一定要修好大坝。可受限于施工条件和高原环境，这项在平原地区并不复杂的工程，在这里却变得举步维艰。工人们都是当地藏族农民，文化素质不高，没有施工经验，又语言不通，为了保证施工质量，刘福鉴身先士卒，亲身示范，手把手教工人们施工方法。没有重型机械和运载车辆，刘福鉴就带领工人们前拉后推、肩扛手提运送砂石料。高原含氧率低，藏族工人从事这种重体力劳动也很吃力，累得气喘吁吁。堵住管涌需要人潜到水下找出管涌口。由雪山多年积雪融化成的拉萨河，寒气袭人，冰冷刺骨。工地没有潜水设备和潜水衣，几个水性较好的工人脱光衣服，一个猛子就扎进河中，一点点在水下搜寻，过一会儿就冻僵了，赶紧上岸捂上衣物，身子刚回暖就继续下水工作。刘福鉴带领这些朴实的藏族工人，咬紧牙关，克服重重困难，确保了工程进度。

白天工地一片繁忙，可晚上闲下来，却是另一番滋味。刘福鉴拖着疲惫的身体返回住所，对新婚妻子的思念便萦绕心头。他蜷缩在被子里，吞声饮泣，珠泪偷弹。工地没有电话，书信是夫妻二人寄托思念、化解相思的唯一方式，但相距4000多公里，寄一封信要40多天，一年只能通信三四次。每次收到信，刘福鉴都要找一个没人的地方，哭着读完信。

除了新婚妻子，远在福建的家人也让刘福鉴时刻惦念。1962年，正值三年困难时期，他的父母得了水肿病，两岁的小妹妹也严重营养不良。由于没有通信地址，无法与刘福鉴取得联系，父亲只好写信给儿媳李佩贞告急。几个月后，刘福鉴才知道家里的情况，焦急万分，赶紧寄回去几十斤粮票和几百元钱。后来家人回信说，这是全家的"救命粮"。

1962年11月，工程已经接近尾声，刘福鉴一行突然接到命令，要求三天内离开拉萨返回北京。刘福鉴满是疑惑，处理好工程收尾工作后，匆匆踏上归途。在路上，只见大队军车、坦克逆向而行，源源不断地驰援西藏。赶到兰州后，他才从广播中听到，中印边界自卫反击战爆发了。刚刚脱离险境的刘福鉴更加意识到，只有一个强大的祖国才能保卫人民的安全，只有把西藏建设好才能真正解放藏族同胞，能为西藏水利事业做一些贡献，让布达拉宫继续闪耀希望的灯火，受多少苦都是值得的。

回到北京体检后发现，同行的两位同事得了肝炎，刘福鉴也患上了肝肿大。然而他们并没有因为工作出色、吃苦耐劳而受到额外的褒奖，或许能被派到最艰苦的地区、完成最艰巨的任务，就是对他们最大的肯定。时至今日，尽管年岁渐大，乘坐高铁重返西藏的愿望迟迟没有达成，但那片挥洒过青春和汗水的雪域高原，以及凝聚几代水利人心血的纳金水电站，永远都是刘福鉴魂牵梦绕的地方，那段经历更是他一生的骄傲。

革命战争时期，党员要冲锋在前、撤退在后；和平建设时期，党员要吃苦在前、享受在后，陈岩石和刘福鉴都在用行动为我们诠释一名共产党员真正的“特权”。

学海无涯苦作舟　水利之路勤为径

——记中国水利水电科学研究院水利老专家范家骅

田　园

老一辈的技术领域学者身上，几乎都会有显著的时代特征，他们的血脉里，似乎天生就带着吃苦耐劳、孜孜不倦。水利事业发展长河中的专家们，尤为如此。范家骅便是其中的一位代表。

幸福都是奋斗出来的，奋斗本身就是一种幸福，只有奋斗的人生才称得上是幸福的人生——习近平总书记的观点可以说是范家骅至今为止的人生总结。96 岁的他也时常念叨着“喜爱科研的人可以获得充足的幸福感。”少年辛苦终身事，莫向光阴惰寸功。从物质精神贫瘠的时代，到娱乐至死的当今社会，范家骅的“辛苦事”一坚持就是大半个世纪，无论是物质贫乏时期，还是辉煌的学术成就加身，哪怕是在退休之后，他都勤恳依旧，用不断地自我修炼，发挥所学所能，为水利事业发展做出巨大贡献。现下，岁近期颐的他为水利奉献了近一个世纪，回首踏入这片领域的那一刻，他依旧心潮澎湃。像大多数科研领域的大师一样，他一路走来，始终埋首于心爱的水利事业中，默默无闻，淡然笃定，向着远方、向着深处不停探索。

意气风发奉献于国

“八百里分麾下炙，五十弦翻塞外声”，虽然没有真正的沙场秋点兵，年轻时代的范家骅亦是意气风发。1945 年，毕业于重庆大学土木系的他不过 23 岁，与投身战场的同龄人相比，他的“战斗力”丝毫不弱于当时的名将。当然，这样的战斗力，他用在了钻研水利上。中华人民共和国成立之后，百废待兴，尤其是水利领域，极度缺才少贤，见证中华人民共和国成立的他选择继续为国家水利奉献，与祖国一同进步向前。

丈夫只手把吴钩，意气高于百尺楼。带着这般的豪情壮志，范家骅先后主持三门峡水库异重流排沙实验研究以及改建中泥沙研究、大港电厂大型引水工程实验研究等工作。彼时，科研条件极其有限，设备、人力远远跟不上技术需求，且这些研究皆无先例参考，范家骅只能克服重重阻力，一边学习一边摸索。心中的高志驱使着他前行，质朴的品质给予他勤奋刻苦的动力，每一次研究，都会为了确定一项数据，通宵达旦查阅各国文献。当时不比现在，键盘上轻轻敲击便可搜索千万条信息，那时的各种数据只能依靠逐字逐行地翻找，这样的繁琐劳累，他好似根本不曾察觉。在他的眼里，仅有“水利”二字，为此，他甘愿付出所有。退休前，他的荣誉已是沉甸甸——荣获全国科学大会集体奖、水利电力部科学技术先进工作者。

退而不休力获称赞

盛年不重来，一日难再晨。及时当勉励，岁月不待人。退休后，范家骅却用不停地钻研的脚步延续着“盛年”，甚至更加投入。退休宛若另一个开始，让他向科研深处走去，特别是在异重流方面，斐然的研究成果征服了无数人，诸多项目也竞相找到他寻求解决相关问题的方法。

1985年，美国波多黎各自来水中心的两个水库淤积严重，需要处理，拟新建一坝。负责人毛瑞斯在研究过程中，偶然看到范家骅在联合国教科文组织发表的关于水库处理方法的绿皮研究报告，深感认同。当即与范家骅通信联系探讨水库淤积问题，并在1990年邀请他赴美参加中美加专家组，进行两水库的实地考察和讨论。虽已过花甲，科研的心却依旧火热，范家骅没有犹豫，即刻动身奔赴异国，以丰富的经验以及学术累积顺利协助其解决水库泥沙淤积处理。因为在这个项目中的突出表现，经联合国教科文组织人员推荐，范家骅接受美国能源部 Federal Energy Regulatory Commission 的邀请，赴美编写《泥沙控制保持水库库容的准则》报告。并受邀访问美国垦务局和艾奥瓦州立大学水工试验室，分别作水库泥沙和异重流报告。他欣然前往，并应美国能源部之邀完成了一份多达300多页的全英文研究报告。印度工程大学还邀请范工赴印为水库泥沙控制培训班做两个报告。

对于早已习惯不断学习与进步的范家骅来说，以所学所能解决水利研究中遇到的难题不过是最基本的学者素质。而参与这个水库淤积研究项目成为了他在水库淤积处理上的经验总结工作被介绍给国际社会的契机。1991 年，在德国召开的第 5 次国际泥沙会议上，曾与范家骅一同参与联合国教科文组织水库淤积研究项目的南斯拉夫专家布鲁克将范家骅命名的 case study approach 研究法的水库淤积处理方法提出，立即得到了与会人员的大力肯定，并建议教科文组织以后研究水库泥沙淤积问题的人都使用此法。毛瑞思与国内的同事们也见证了各国水利精英们对其的称赞，回国后将此事告诉范家骅，都觉得很欣慰。

淡泊名利钻研依旧

“天下熙熙，皆为利来；天下攘攘，皆为利往”——这句话对于大多数科研学者来说并非如此。水科院刚建院时，不鼓励技术人员写书，会被认为是“有功利思想”。而此刻的范家骅却被黄文熙教授指名发表文章，于是他将稿费一分不少地上交了泥沙所。

淡泊以明志，宁静以致远。或许是高洁的品格让范家骅的科研更为纯粹，他的成就也继而愈发之高。自 case study approach 研究法在国际上获得肯定后，毛瑞斯使建议他合写一本关于水库淤积处理的书籍。范家骅用时 5 年，完成英文专著《水库淤积手册》一书，于 1997 年由美国 McGraw - Hill 出版公司出版。然而，出人意料的是，这样一本含金量巨大的科研巨作，范家骅却在书绝版之后毅然放弃版权，直接在网络上免费共享。

其实，早在 1959 年，范家骅就通过水槽实验，以单位的名字发表有关异重流泥沙研究的报告。截至 2018 年，仅异重流潜入点一项的研究成果就被引用 40 余次，他早年翻译的泥沙著作——《巴伦布德拉特理论》也被诸多知名学者引用。赤诚之心注定进步辉煌将接踵而至。退休后范家骅仍然忙碌，经常受邀在世界各大名校做报告，1998 年在香港大学水库异重流问题报告、1990 年抵达美国伊利诺伊大学进行访问，艾奥瓦州立大学、苏明尼达大学等都留下过他的足迹。

老当益壮依旧前行

故书不厌百回读，熟读深思子自知。范家骅所著的学术报告、书籍有许多，每本都是让同领域人士如获至宝的“绝学”。范家骅深知研究报告缺少数据，需要看报告的人自己去查，很不方便，因此不同于一般报告简化研究过程，他的文章里都附有数据，研究的细枝末叶皆在其中，因而他做报告也会比常人花费更多精力。尽管他知道，这样的结果是篇幅较长，论文不易发表，却依旧是把实验过程和研究数据附上，便如他的人一般，一步步清楚明白，每步骤数据如何得来一目了然。这样的钻研精神也驱使着他不断思考，温故而知新，2011 年还出版了专著《异重流于泥沙工程实验与设计》。现下，96 岁的他仍旧坚持每天思考问题，并进行实验与整理研究，2018 年 4—5 月还在《水利学报》上发表了两篇论文。

实际上，这样“较真”了大半个世纪的科研老学者并没有如世人想象的那般，双耳不闻窗外事，一心只去钻研水利。相反，他有着高雅的情趣，英语自是不用说，对待喜爱的古典音乐、美学，他一样是潜心欣赏，单单是收藏的唱片就有几百张。他告诉我们青年人，做科研，永远都要记得多学习、常思索，汲取先进经验，运用于实际，方才能够成为一名优秀的水利人。就像他一般，即使退休年事已高，依旧不忘在科研世界里笃定前行。

人生在勤，不索何获。因为勤奋好学，范家骅为水利献出所有赤忱，从风华正少至垂垂老矣。无论退休与否，他从未止步，在辉煌成就的背后，他淡然却坚定。他的勤学精神已然成为一盏明灯，指引着当下的青年人奋进向前，鞭策大家如他一般，用勤恳刻苦为辉煌未来而奋斗，继而收获幸福人生。

与新中国一路走来的我们这一代

许国安

我们这一代人是与中华人民共和国一起成长的，亲历了共和国从贫穷到小康，从落后到强大的翻天覆地的变化，我们这一代人在党和国家的培养和哺育下茁壮成长，奋发图强为建设社会主义中国努力学习、勤奋工作，与新中国同呼吸、共命运、心连心。

我的家乡泉州位于祖国东南沿海，与台湾隔海相望，风光秀丽，四季常青，是我国著名的侨乡。我出生于1938年冬，正是中华民族遭受日本帝国主义铁蹄蹂躏，大片国土沦丧，全国人民奋起抗日的烽火年代。泉州虽未被日寇占据，但时常遭受日寇飞机狂轰滥炸。为了躲避日本飞机的轰炸，母亲天天带着我们逃难，父亲因受到日本炸弹冲击波的惊吓不幸中风，半身不遂卧床三年不治病逝。母亲含辛茹苦靠着沿街小巷叫卖小食品，农忙时帮忙干农活当雇工，把我们兄弟姐妹拉扯长大。

1949年秋泉州解放，迎来中华人民共和国的成立。党和人民政府给我重新上学的机会，国家为了照顾经济困难的学生，学校设有人民助学金，我不但免交学杂费，还享受人民助学金。从此开始了我人生的新篇章，像一颗种子撒在肥沃的田野里，在阳光雨露的哺育下得到茁壮成长。我从心底里感恩，只有刻苦努力地学习，才能对得起党和国家的培养，当时，很多同学都与我一样怀着报效祖国的心情，为建设社会主义而努力学习，在浓厚学习气氛的熏陶下，每一个同学如饥似渴地发奋学习，互帮互学、互助互爱、共同进步蔚然成风，每个人都有自己宽阔的思想天地，充满美好理想。

高中毕业高考前填志愿时，我填了厦门大学和福州大学。班主任看了我的报考志愿表说："根据你的学习成绩应该报清华或北大。"我说："家里不赞成报省外的。"老师给我做了思想工作，并说学校已研究过了，让我在清华和北大两个学校挑选一个，并问我喜欢什么专业；我说我喜欢力学，他说："那就报北京大学数学力学系吧！"

录取通知下来，我如愿地录取了——北京大学数学力学系。能考上北大，我心里非常激动和自豪，许多同学、亲朋好友也都为我高兴；但我妈妈却伤心发愁：我要从四季温热的东南海边到寒冷的北方，不仅路途遥远，而且需要过冬的衣裳，她为路费和行李发愁。当时家里连个箱子都没有，我二姨送了一个破皮箱。这个箱子是临中华人民共和国成立前夕，她摆小摊用几包烟丝从国民党溃退的散兵那里换来的，箱子已不能用了，找了修鞋匠用木条钉了才能装东西。所带的衣服中唯一件能御寒的是用许多破旧毛线一段一段织成的毛衣。路费一直是我发愁的事，当时学校对有困难的同学给予部分的路费补助。我班的团支书，他没有参加高考，毕业后留校当团委专职干部，他拿出 15 元给我，解了我的燃眉之急。这是他第一个月工作刚发的工资的一半啊！他的恩情我一直念念不忘。

当时，录取省外同路北上的同学有 30 多名。中学母校考虑我们大部分是第一次出远门的，而且家庭经济情况都不富裕，故把我们这些北上的同学组织起来集体行动。我们第一天傍晚从泉州出发乘长途汽车到厦门，晚上住在学校事先联系好的一个中学的几个教室里，我们把课桌拼在一起就是一张床。第二天一早就赶到厦门火车站，坐上早 7 时多从厦门至鹰潭的火车。1959 年鹰厦铁路刚通车不久，还属于试运行阶段，火车开得很慢，整整走了一天一夜，第二天早上 6 时多才到江西的鹰潭。我是第一次坐火车，从火车里的窗户往外看，感到一切都很新鲜，也很激动。由于第一次出远门没有经验，为了省钱，大部分同学都是买硬座慢车的火车票，行李也不托运，大包小包自己用扁担挑着。我们是早晨到达鹰潭车站，出站后我们就赶紧排队办理火车中转签字，排了一个多小时，只签到晚上 20 时多经鹰潭到杭州的车次。鹰潭地处内陆，虽然已是快 8 月底了，天气仍然干热，候车室的椅子手摸是热乎乎的烫手，我妹妹临走时给我带自做的发糕都长毛了。但我们只能在火车站这样熬着，好不容易等到天黑才上了火车。又坐了一夜的火车，也是第二天（也就是出发的第四天）清早才到了杭州，又是紧张地排队等着中转签字，到了上海已是天黑了，我们马不停蹄又是一场紧张挤着排队等着中转签字。上海市铁路局为了照顾北上到北京上学的学生，特增加了一趟由上海直达北京的加车，也是最慢的列车，在各车站要给所有的车次的列车让路，车厢也是临时拼凑起来的旧车厢，有硬座车厢，也有硬卧车厢，虽然是这样杂牌加车，我们还是感到很幸运和高兴的，可以不要再受换车排队中转签字的劳累，也免了在车站熬时间等车，可以直达北京。上车时我好不容易找到一个硬卧车厢的上铺，这个上铺只是一个框架，没有铺板，还好上面架了一块半米宽木板，这块木板一直伴随我到北京。虽然是可以直达北京了，但我们这趟列车要给其他车次的火车让路，火车走走停停，有时停了3个多小时。过长江停的时间最长，当时还没有南京长江大桥，火车是用轮船载过江，由于火车太长，只能分段开上轮船，加上我们的火车是最慢的列车，所以等的时间最长。有位同学利用等轮渡过江的时间，到南京串亲戚去了，没有赶上这列车，大家都为她着急，还好这趟车过江后又在浦口停了很长时间，她又赶上这趟车。就这样走了七天七夜我们才到北京前门火车站（当时北京火车站还没有建成），长途的旅行使同学们个个疲劳不堪，出车站时，走路还感到身体在颤动，又脏又瘦，像逃荒的难民一样。

虽然一路上艰难辛苦，但大家还是很开心，心中充满了对未来的美好期望。

当时，中华人民共和国刚成立不久，贫穷落后、百废待兴，同学们的家庭经济条件都不宽裕，只能这样艰辛踏上北上求学的旅途。现在，我们祖国富强了，初步建成了小康社会，GDP总量跃居世界第二位，人民生活水平大大地提高了。过长江有多座大桥、民航也很发达，还有高铁，高铁成为中国“走出去”战略的重要组成部分之一，已建成的高铁占世界6成。现在从泉州乘高铁不到12个小时就到达北京了。

在北大念书的六年，是我汲取知识、增长知识和收获最多的时光。紧张严谨的学习生活，严格的基本功训练，让我打下扎实的基本功。老师们孜孜不倦地教诲、身教言传，他们的求知、求真、求实的精神，不断地熏陶着我，不但使我学习到扎实的科学知识，而且学习到他们严谨认真的科学态度，谦虚谨慎的处事风格，使我们终身受益，他们是我一生的楷模。

毕业后分配到水利水电科学研究院，水利水电工作成了我一生的事业。1976年粉碎了“四人帮”，拨乱反正、解放思想、实事求是、揭开了改革开放的序幕。党和国家大力支持科学技术的发展，迎来了科学的春天！重申了“科学技术是生产力”“现代化的关键是科学技术现代化”的观点，改革开放带来巨大获得感、幸福感、安全感。大家可以轻装上阵，一心一意扑在科研工作上，为水利水电事业添砖加瓦，发出自己的一点光和热。

天有不测风云，人有旦夕祸福。正当满腔热情、全力以赴为水利水电科研事业发挥自己的一点光和热的时候。1984年8月6日一场不幸的车祸差点毁了我的一生。我身体多处骨折，颈椎枢椎骨折，腰椎骨折，肩胛骨骨折，头部撞成严重的脑震荡。由于颈椎骨折是很要害的伤，一不小心就会发生错位，即使是一点点轻微的错动就有可能导致高瘫。脖子不能活动，要用颈椎套固定着，以防止颈椎错动，而且只能仰躺在病床上不敢翻身，大小便也只能在病床上。吃饭喝水要靠护理人员来喂。在医院经过两个多月的精心治疗和护理，我身上的伤口逐渐愈合。但是身体还是不能活动，就这样我被抬出了医院回家养伤。

经过一年多的治疗和养伤，我的身体基本痊愈了，我很想回到科研工作岗位上做点力所能及的事。当时中国水利水电科学研究院正在进行科研改革，打破过去的“大锅饭”，为了调动科研人员的积极性，实行科研课题独立经济核算。对于重伤初愈的我能否胜任科研工作，家里人和周围的同事、同学、朋友都抱着怀疑的态度，家里人认为我受伤这样厉害，就好好养病吧，还上班干吗！况且，我是在工作中遭遇车祸，按工伤处理，工作单位可以在经济上和生活上给予照顾。而岩土所领导和同事也担心我干不了用脑的科研工作，恐怕给课题组造成负担。我思想斗争了好久，党和国家多年培养、大学六年的学习不能这样付之东流。我不愿成为社会包袱、靠着工伤待遇过后半生，这不是我的人生追求。重新开始工作后，我承接的第一个科研项目是“二滩水电站枢纽地基三维渗流研究”这项研究任务急、难度大，要在短短的半年内完成。在这之前，工程设计委托单位已委托某大学承接这项科研项目，为慎重起见，又委托水科院同时进行此项科研工作，那所大学采用的是一位教授从国外带回来一个软件，我采用的是自己研制的程序。经过努力，我们不但按合同要求圆满完成了任务，并为工程提出了优化渗控措施的合理化建议，而那所大学没能按时完成，还要求增加经费。我们研究成果得到工程设计委托单位的采纳和好评。此项任务还获得部级奖。二滩水电站是我国20世纪内建成投产的最优秀水利工程。在科研工作之余，我还把原来编写的讲义扩充修改成20多万字的专著（两人合著），并正式出版成书。这些科研实践和工作成绩使我重新赢得了单位领导和同事们的信任。接着我又主持和参与完成了国家“七五”“八五”科技攻关项目以及国家重点自然科学等其他科学基金项目的研究，并取得了可喜的成果，有的达到国内先进水平和国际先进水平。多次获得科技进步奖。由于车祸影响了我高级工程师的晋升，1990年才评上，而1995年晋升了教授级高级工程师。

为水利水电事业添砖加瓦的几十年中，我亲睹了我国从一个水患频繁到世界公认的水电强国。中华人民共和国成立前黄河、淮河等经常闹水患、我的家乡泉州几乎每年都闹水患，现在几乎都不会再发生了。我国水电装机容量和年发电量均位居世界第一，并创造了一系列世界一流的水电工程：举世闻名的三峡大坝、世界最高的混凝土面板堆石坝的水布垭水电站、世界最高的混凝土拱坝的小湾水电站、世界最高的碾压混凝土坝的龙滩水电站、世界最高的混凝土双曲拱坝的锦屏一级水电站，还有以大坝全景信息模型（DIM）和智能化建设协同平台（iDam）为核心的“智能大坝”溪洛渡水电站、史无前例的南水北调工程、山西万家寨引黄工程等。所有这些可以看到祖国水电突飞猛进、成就辉煌，中国在水利水电工程建设走在世界的前沿。它更是“一带一路”合作领域的一颗耀眼明星。

我先后参加几十个水利电力工程的岩土工程渗流问题研究，同时，参与山西万家寨引黄工程等多个水利电力工程的监理。20 世纪 90 年代长江发洪水，长江大堤加固工程出现豆腐渣工程，中央电视台《焦点访谈》曾采访过我，我提出了一些意见和建议，后来单位派我参加长江大堤加固工程的监理，并担任长江大堤安徽芜湖段大堤除险加固工程的副总监。退休以后我又被单位返聘继续工作，发挥余热，并受聘为北京市工程建设的评标专家，为北京市许多工程建设项目的设计、资格预审、施工、监理进行评标。

时光荏苒、历历在目。中华人民共和国走来的 70 年，党领导人民进行艰辛探索、奋发图强才取得举世瞩目的伟大成就。现在我已是耄耋之年的老人，看到祖国日新月异的变化、祖国日益强大和繁荣。看到世界第一的三峡大坝的建成、史无前例的南水北调调水北京，看到中华民族伟大的复兴梦正在一步步地实现。我深深地为祖国的繁荣昌盛而骄傲、自豪！

伴着长江的 75 年

吴康宁

我于 1922 年出生于江苏宿迁，2019 年已经虚岁 98 岁。1945 年我从“中央大学”毕业后，进入当时国民政府的扬子江水利委员会，算到 2019 年竟与长江结缘近 75 年，这是我一生引以为豪的，我一生都“与水结缘”。

按我青年时候的理想来说，我在大学时结构力学、材料学等学得很好，本是想为国家建设大楼、大桥。只是那时兵荒马乱，这样的工作实在难找，因此我转而投向水利工作。1945 年我进入扬子江水利委员会后，我先只是做些水文分析、统计方面的工作，参与了江苏白茆闸、安徽华阳闸、湖北金口闸的建设。那时我们的力量很弱，只能修很小的工程，且这些小闸的闸门还是外国人制作，我们进行安装。由此可见，我们当初水利事业能力是极弱的。在扬子江水利委员最初的一年多，因家属尚安置在上海，我除了上班的日常工作外，每晚就泡在资料室，翻看设计方面的书籍。当我看到欧洲、美国的一些大坝可以建到百米多高，令我大开了眼界，真正地感觉到水利有奔头。我也坚信在中国，我们也能造出那样的大坝来。

南京解放前夕，国民政府各部门都已做好撤退的准备，那时南京地下党组织已经开始了一些工作。当时在国民政府水利系统的地下党负责人是赵得秀，我那时并无党派身份，也不知他的身份，但我们之间有来往，有一些友谊。临近南京解放时，南京地下党组织一些进步青年组成了当时的“公务员联谊会”，经常组织活动，给我们讲基础知识，改善我们生活。实质上，联谊会本就是为了发展进步青年，学习党的政策，保护机关、学校、工厂等设施物资档案，以待解放军接管。我也在那时萌发了进步思想，成为当时水利部地下党员李平延

吴康宁，长江水利委员会原副总工程师，离休干部，教授级高级工程师。

同志的联谊会小组成员，并经常参加活动，在总局（扬子江水利委员会于1947年改名为长江水利工程总局）周边值班守护。我深刻认识到共产党是进步的，国民政府已经不可挽救。因此当国民政府各部门从南京败退之前，我已经打定主意，留在南京等待解放。

一、在下游工程局的工作

1949年4月23日南京解放。解放军军管会的领导高度重视水利工作。4月29日就由农林水系统军代表姚尔觉同志在礼堂做报告，动员我们参加长江堤防抢修。渡江战役之前，国共双方在长江两岸对峙，攻守双方皆在江堤上挖了许多工事，加上1948年长江汛期时，还有许多溃口没有修复，因此当时的江堤破坏严重。军管会的领导也深知长江防汛的重要性，因此要派出3支队伍前往安徽、江苏整修堤防。每个修防队必须配备10名工程技术人员和20名测绘工人。我第一时间就报名参加，组织上安排我担任第一队的副队长，并同派出去的解放军一样享受供给制。在姚尔觉同志的动员报告中，报名参加修防队的工程技术人员很多，但是后来他们中的大部分又因种种原因，其中最主要的原因是当时长江水利工程总局正在收编改制，有些人怕出去后再回来没有合适的职位，因此不愿出发。总之又经波折，队伍5月中旬出发，在外工作2个多月后，我们克服一切困难，完成任务，我终于又回到南京。正如当初很多人忧虑的那样，我已没有职位安置，便只能在总局里跑跑杂事。

1950年2月长江水利委员会成立后，长江水利工程总局也变更为长江水利委员会下游工程局。而在1949年，由于南京上下游两岸发生严重崩坍，危及浦口下关两个港口码头的安全，因此交通部成立了“浦口码头抢修工程委员会”，长江水利委员会就由下游工程局派出一个测量队，测量浦口下游10公里、上游30公里的水下地形和水深数据，并按照1∶10000制图，以帮助交通部的浦口码头抢修工程委员会，并接受其业务领导。

长江测深，传统方法是水深8米以内用测量杆，水深10～30米，宜采用铅锤测绳测。但是我们测量的水深大多在30米左右，甚至更深，水流不是静态的，流速在2～3米每秒，致使测深绳呈曲线，误差会很大。幸而我们竟在下游工程局仓库里发现了一台外国造的回声测深仪，我经过请教学习后，掌握了使用方法，大大加快了工作效率。

然而好景不长，仪器虽能使用，但测深仪的测深打印纸很快用完。期间多方寻找，甚至我随时任交通部副部长后担任全国政协副主席的季方同志到上海寻求这种测深纸都无所得。

工作很紧而又仪器缺纸，我便萌发了能否自己制作测深纸以解燃眉之急的想法。我自己琢磨测深仪的工作原理，拆解原件，最终得出了测深仪是将回声转化为电流，最后在记录纸上呈现信号。后我又发现记录纸很容易霉变，又引发我联想到是不是因为记录纸表面涂覆的电化学液中含有淀粉？最后我身在北京的二弟吴永宁来信告诉我，直流电电解碘化钾溶液后产生碘，遇上淀粉后可呈现记录纸上的棕色信号条。

第二天我跑到药房买了一些碘化钾药品，在家自己试制了测深仪记录纸，并到江上测量，一举成功。后单位得知这一情况，逐级上报至交通部。

交通部在交通系统中通报："此举是自力更生，克服困难，打破帝国主义对我国的经济封锁"。组织上给我评定了特等功，授予"特等人民工程"。1951年国庆节，水利部组织全国水利劳模参加国庆节观礼，要求长江水利委员会参加一人。委党组研究后，指定我参加国庆观礼，并在9月30日参加了毛泽东主席在中南海怀仁堂的接见招待会。回到武汉后，叶扬眉副主任又一同陪我在中游局做了一次汇报。

总之，制作测深仪记录纸本是我为了开展工作做的一件本职工作，虽然这件事对工作、对人民有一些益处，但是我一直深感组织上对我的评价、奖励都过高了。

二、在长办初期的工作

1952年时，下游工程局在"三反五反"运动中，有一批设计人员接受组织审查，因此急需补充工程设计人员，因此局里安排我移交浦口码头测深队队长职务调往下游局设计科。1952—1954年的3年时间里，我先后设计了三个工程，分别是在洪庆余指导下设计的凤凰颈泄水灌溉两用闸，我独立设计的白荡闸和华阳河的二闸二坝工程。

1954年，长江发生全流域大洪水，党和国家领导人十分关心，毛泽东主席在林一山主任的陪同下视察长江。1954 年当年，长江水利委员会在汉口开了一次全江工作会议，决定集中上中下三个工程局的骨干力量齐聚武汉进行长江流域的全面规划工作。

1955 年五一劳动节刚过，我们便举家从南京搬来武汉，居住在退思里的一座楼房的二层。那年秋天我因“回声仪记录纸”和“杨湾闸”被评为全江甲等劳动模范，转年春天又被评为“全国农业水利先进生产者”，并第二次去北京见到了毛泽东主席。

1956 年是长江水利委员会发生重大变化的一年，长江水利委员会改为长江流域规划办公室，简称“长办”。那时我被任命为“水工建筑物室”副主任。这一年我参与了水工室的领导工作，常与其他室在水工设计及枢纽布置设计的工作划分中产生一些分歧，各持己见，最后在长办任世舜副主任的调和下，水工室与汉江室重组为丹江口室、三峡室、施工室等专业主管与项目主管相协调的各局，我便被安排任三峡室副主任。这种分工是从 1957 年 3 月形成的，从那时起，我开始全力关注于三峡工程的设计研究上。

这其中值得一提的是，我在 1957 年 5 月，长办指派我在北京参加“黄河三门峡工程”专题讨论会的情况。原本三门峡的设计方案已经于 20 世纪 50 年代中期通过，并开工。然而开工后，因围堰的拥水造成渭河回水和大量淤积。当时的一名青年专家温善章上书国务院领导，力陈三门峡之弊。李富春副总理非常重视，交水利部扩大讨论。水利部邀请全国专家到京讨论，傅作义部长到会讲话，张含英副部长全程主持。

我对黄河和三门峡工程并不十分了解。会议前半程我很冷静，细心的听报告，看文件，听大家讨论。逐渐我才有一点主见，认为温善章的建议基本面是正确的。会上我做了发言，并交了发言底稿。由于大会的主流意见是支持三门峡按照原方案施工，因此我作为少数派的意见没有被采纳。

1961 年黄河汛期，三门峡以上来了一次洪峰，使渭河平原受淹，回水直到西安。恰好那一年林一山主任也在北京开会，知道当时我参加了那次讨论。回到武汉后，他找到我详细了解了那次讨论的情况，并让我写成书面材料，他亲自加了按语印发长办。林一山主任对我在那样的会议上敢于表达自己的意见大加赞赏。

1956 年这段时间是我工作中很舒心的一段时间。那时领导和群众关系很和谐。文伏波同志经常找我谈心，把我当作重点培养对象，并计划在1956年发展我加入党组织。我内心非常感激，但我本来是从扬子江水利委员会接管过来的，是党外知识分子，入党机会比较渺茫。党的大门离我越来越远，这是我一生中遗憾的一件事情。

三、参加三峡工程与葛洲坝工程的设计

1958年1月中共中央“南宁会议”结束后，三峡工程设计工作进入了高潮阶段。长办将三峡室、丹江口室合并为枢纽设计室，我担任副总工，协助洪庆余同志主管三峡设计工作。

由于洪庆余同志刚刚到任，且他又面临工作大开展的局面，因此我以主要精力写了一个《长江三峡水利枢纽设计研究工作报告》，近十万字，附图数十幅，主要是对以往多年的三峡工程设计研究工作作个梳理，包括已经形成的各种方案、坝址坝线的比选成果，以帮助新参加工作的同志和外单位参与协调的同志对工程设计研究进展情况有一个全面的了解。

三峡工程面临的第一个问题是选址问题。选南津关还是三斗坪争论已久。考虑地质条件优良则选择三斗坪，但着眼于有力的航运条件则选择南津关。并且交通部还提出了宜昌港水位日变幅不能大于3米，每小时不能超过3厘米，当时称为“三三制”。因此坝址选择成为水利部门与交通部门长期争论的难题。

在长期争论中，我曾组织许多专业的同志研究过很多方案，但是要么工程量巨大，要么运行费用很高，要么技术条件困难，并且所设计的方案，通航条件也仍然不理想。

我正在苦闷时，1958年底一些同志赴苏联参观归来带回了一些资料，其中有苏联古比雪夫水电站的图册。我取来图册仔细研究后，发现了似乎这种低水头而过水能力大的水电站，在水能开发中，指标也不错，这启发了突然跳出原来的思路。我想如能在三峡下游的南津关出口外，再有一级这样的大流量低水头电站，其上游形成的峡谷型水库直达三峡电站及船闸之尾水，并稍加重叠，则不仅可以对三峡电站因日调节而产生巨大的日变幅水流进行反调节，还可使这一段所形成的峡谷水库航道流速小、水深大，正是一条优良的航道。而真正来了大洪峰时，船闸自身也要断航了。而这下一级电站下泄流量是较均匀

的，满足了宜昌港的“三三制”的要求。

改善三峡坝下航道问题困扰了我们很长时间，已投入了大量工作。当“在大坝下游再拦一道低坝”有可能一举而解决各种问题的思路打开之后，我有一种豁然开朗的感觉。然而，这毕竟还只是一个思路，有待于将勘测、规划、设计和科研等各方面工作进行之后才能搞清楚其是否具有技术可能性和经济合理性。我将这一思路告诉了洪庆余同志，他也表示同意。

我便开始向下布置各个专业配合进行对这一设想的研究。在水工布置上，我将坝线穿过葛洲坝岛中间，工程命名为“葛洲坝枢纽”。

大约到了1959年4月间，我们有了一个汇总成果：在三峡下游峡谷出口再建葛洲坝枢纽，足以一举解决因三峡建坝而出现的包括水流条件等航运方面所有问题，且能够成就三峡下游一段十分优良的航道。葛洲坝电站发电的效益也很大，且能增加三峡以下的天然落差发电。三峡电站可以充分利用其调峰效益。宜昌港的水位将会很平稳。后期，我们又正式将葛洲坝作为一个补充方案向大会做了汇报，交通部门代表正式表示葛洲坝方案可以接受，这样，三斗坪坝址的方案就基本上被认定了。

1959年8月，组织上安排我到北京进修哲学，我心里一直惦记这件事情。深秋，我写信给洪庆余同志，问他有何大的工作动态，他回信说：“最近又召开了第二次全国科研大会，大会一致同意修建葛洲坝和三斗坪坝址的方案。”

三峡与葛洲坝这两大枢纽工程是有其鲜明的主次关系的。葛洲坝枢纽是为了解决三斗坪坝段航运条件而提出的。但三斗坪坝址选定后，我们研究二者相互关系时又逐步形成一些新的见解，认为这两大工程从施工过程中到建成后的运行管理都有着密不可分的关系。

1960年，长办成立枢纽设计处，洪庆余、陈济生任正副处长，我任总工程师，我们开始研究两大工程的施工顺序问题。当时一种认为先建葛洲坝，再建三峡，另一种认为三峡和葛洲坝同时开工。在三峡施工科研组的讨论中，大家基本认可了两大工程之间的关系，许多代表积极推崇先上葛洲坝，后上三峡的“施工程序倒置”方案。

然而20世纪60年代初，国民经济方针调整，各行各业都进行收缩，葛洲坝和三峡工程都搁置下来。机缘巧合的时，60年代后期，鄂西北供电负荷紧张，湖北省提出要求，要修建清江隔河岩电站，这个电站同样由长办设计。长办规划处以邱忠恩为代表的青年工程师认为葛洲坝工程发电量大，且投资省，工期短，提出以葛洲坝代替清江隔河岩电站。葛洲坝工程因此经湖北省上报中央。

1972年又经林一山主任任技术委员会修改设计，到了20世纪80年代末，葛洲坝工程全部工程基本完成。

比较巧合的是，清江隔河岩工程虽然开工较晚，此时也正好结束。葛洲坝建成后至1992年，三峡工程经全国人民代表大会表决后正式开工，这与我们20世纪60年代提出的“推荐在三峡工程建设之前提前完成葛洲坝工程”的建议正好符合。这是一个偶然的巧合，谁也不可能有如此长期的预见力。

这是三峡工程独特的伟大机缘，在她开始之前，正好已经建成了葛洲坝工程，为她提供了良好的导流、截留条件，为她创造了稳定的尾水衔接条件，并培养了一支优秀的设计和施工队伍。三峡有幸。

回想这些，我的内心是十分欣慰的，葛洲坝工程的出现竟然优化了如此大的总体效益。

20世纪80年代主管江西万安水利工程后，我担任长办副总工程师，不久随着年纪逐大又改任科技委委员及顾问。

回首往事，我偶然的进入扬子江水利委员会，从基层学起、做起，从测量到设计。我很幸运，党和国家给予我过多的奖赏，逐渐委以重任；林一山主任对我们这批技术干部也十分关心爱护。

毛泽东主席写出“更立西江石壁，截断巫山云雨，高峡出平湖”的宏伟诗篇，作为一个终生奉献水利事业的工作者，能参与到三峡、葛洲坝这样的伟大工程，还有什么能让人有这样的自豪感、幸运感和幸福感？除此之外，我一生中个人所做的一切奉献，一切成绩都微不足道了。

我的防汛生涯——把一切献给长江水文

王　俊

万古奔流的长江，浩荡宏伟，源远流长，孕育了勤劳勇敢的中华民族，造就了灿烂的华夏文明。然而，她也喜怒无常，祸福同系，能以甘甜的乳汁哺育大地儿女，也会以狂涛浊浪毁灭生命与家园。从冰雪皑皑的青藏高原，到白浪滔滔的长江入海口，4000 名长江水文人布防在 5000 多公里的河段上，日夜守护着长江，力尽天职，为开发治理长江、保江河安澜发挥了“耳目”“前哨”与“尖兵”的重要作用。

而我，很幸运，也很自豪地成为了长江水文人中的一分子。

1978 年，党的十一届三中全会开启了中国改革开放和社会主义现代化的伟大征程。那一年，恢复高考，我幸运地考入华东水利学院。1982 年 7 月，我大学毕业来到长江水利委员会水文局，从事长江水文工作 36 年。

刚刚参加水文工作时，我从事的是水文计算和水资源评价工作，虽不在防汛一线，但也有幸参与了 1983 年汉江大水、1988 年秋汛、1991 年华东洪水的防汛工作，对水文与防汛的重要联系有了初步的认识。1994 年，调任至水文气象预报处负责长江洪水预报工作后，我从此走上了防汛一线。在预报处，我与同事们一起经历了 1995 年、1996 年中游洪水，又经受住了 1998 年流域性洪水的考验，取得了一些成绩；受组织委任，1998 年担任水文局副局长，2006 年担任水文局局长，直至 2018 年年底退休，作为领导班子成员，我全程参与并主持了长江防汛水文测报，感受了长江水文改革发展壮大的全过程。

王俊，江苏常州人，曾任长江水利委员会水文局局长、长江防办副主任（兼职），二级教授级高级工程师，现任长江水利委员会科技委委员，武汉大学珞珈讲座教授，享受国务院特殊津贴专家和湖北省政府专项津贴专家。

可以说，我把自己人生的整个黄金时段，都奉献给了我深爱的长江水文事业。“长江水文”这四个字，犹如烙印一般，永远地，刻在了我的心中，它见证了我的成长，也见证了长江防汛测报全面发展的历程。

一、缘起长江献芳华，情系水文战洪涛

长江流域面积大、河道长、水系多，防洪目标多元，因此，每年的防汛测报任务非常繁重，全体长江水文人众志成城、坚守岗位、科学测报、准确预报，屡次取得胜利，但最令人难忘的，还是1998年流域性洪水。那年年初，长江干流水位出现持续上涨、枯季不枯的罕见异象，刚一入夏全国各地便阴雨连绵，长江1号洪峰就已形成，种种迹象表面，今年防汛形势将十分严峻，一场硬仗迫在眉睫。

对我而言，这个夏天，不仅仅是遭遇罕见的流域性大洪水，更是以刚刚履新的水文局副局长身份，继续坚守预报岗位而难以忘怀的一个夏天。洪水肆虐的2个多月，我签发了数百份水情预报。每一份水情预报，都是与这场洪水战斗的取胜关键，沉甸甸的，好比预报员们所肩负的责任和使命，我必须打起十二分精神，不敢有一丝懈怠。

这场流域性大洪水，峰高量大，高水位持续不下，最为严峻的则是超长期“二度梅”造成的中下游洪水与“七下八上”的上游来水恶劣遭遇而形成的第6次洪峰。据预计沙市站水位将涨至超过45米，这意味着，荆江分洪区，随时要准备启用，而一旦启用，荆江分洪区900多平方公里将成一片泽国，50余万百姓将搬离家园，尽管已提前做出了布置，但局部损失仍巨大。

在决定荆江分不分洪的重要时间节点，长江水利委员会水文局于8月16日接到国家防总下达的任务，要求在1小时内回答沙市水文站洪峰水位及其出现时间等6个方面的问题。要回答这些问题，必须从长江沿线1000多个水文站汇总的几十万个数据中再次计算推演。千头万绪，却环环相扣，仅仅60分钟，要处理海量数据，并精准预报，技术压力可见一斑。比之更甚的，是心理上的压力。预报处所有人都清楚，这些问题，事关分洪决策啊，容不得半点闪失！经过紧张而认真的分析计算，长江水利委员会水文局及时做出了回答：沙市站最高洪水位不超45.30米，超高水位持续时间不超24小时，超额洪量不

超 2 亿立方米，荆江分洪区分与不分洪对下游各站最高水位的影响有限，预见期内的降雨不会进一步加大洪峰。随后，我签发了沙市最新水位预报，由防总领导在第一时间送达在荆州一线指挥的时任副总理温家宝。事后，得到实测结果“沙市站最高水位 45.22 米、超过 45.0 米的持续时间 22 小时、超额洪量 1.7 亿立方米”的验证。无愧使命，长江水文做到了！

多年以后，我曾有机会两次亲耳聆听国务院领导提到荆江采取不分洪措施的原因，一是水雨情预报的精确判断，二是人民解放军守护大堤的决心和信心。这充分表达了对长江水利委员会防汛技术力量的肯定。准确的水文预报和科学的分析报告为中央正确决策提供了可靠依据，为最终战胜这场世纪洪魔当好了“参谋”。多年来，长江水文一次又一次显示了其无可比拟、不可替代的技术支撑作用。

二、飞沙走石险不惧，水文应急勇向前

随着流域内涉水突发水灾害事件的增多，以及社会的进步和综合国力的提升，对涉水事件应急处置的要求越来越高，水文测报成为重要的应急手段。2000 年起，我亲身参与了从易贡藏布堰塞湖到 2018 年金沙江白格堰塞湖的多次水灾害应急处置，和水文局派出的专家组一起，为 2009 年西藏墨脱堰塞湖、2010 年青海玉树地震和舟曲特大泥石流、2014 年云南鲁甸地震、2015 年“东方之星”旅游客船倾覆事件、2017 年和 2018 年长江太仓段水域两船碰撞事故、2018 年重庆万州公交车坠江事故、2018 年汉江疑似水华等应急救援和处置工作，及时提供了大量水文监测数据和预报分析成果，在排险救援中发挥了重要作用，为最大限度减少灾害损失做出了突出贡献。基于水文应急监测方面多年的实践经验和技术总结，我主编了《水文应急实用技术》一书，为应急监测技术的推广起到了积极作用。

我先后三次亲自到现场负责。第一次就是在汶川地震现场。2008 年 5 月 12 日，四川汶川发生了中华人民共和国成立以来破坏性最强、波及范围最大的一次地震。此次地震造成了唐家山大量山体崩塌，撼山移河，形成巨大的堰塞湖。为防止给汶川的人民群众造成更大的次生灾害损失，水利部紧急抽调大批水利专家赶赴地震灾区，我也在队伍之列，担任水利部水文专业组组长，负

责核查四川省水文测报设施震毁情况，协调指导水情监测、应急测报及灾后重建工作。

5 月 15 日，水文专业组在成都集结，此时地震造成的 33 个堰塞湖险情越来越重，已经到了刻不容缓的时候。关键时刻，我们彰显了水文尖兵的职责：我赶在最短的时间内，组织水文专业组紧急制定出《2008 年汶川地震堰塞湖勘测调查手册》，并对堰塞湖现场勘测突击队队员进行技术培训，以保证用专业的手段和技术收集到较规范和准确的堰塞湖要素资料；16 日上午即派出 4 支突击队监测险情地段水文信息，18 日又组建了 10 支堰塞湖现场勘测突击队，开展了堰塞湖的全面勘测；同时组织工作人员安装水位自动监测系统，并安排专业组专家克服重重困难对几个重点河段进行查勘，经过比选，确定了应急水文监测断面，并同时安排后方紧急计算出总库容、蓄水量和蓄水变化等参数，并针对堰坝 1/3 溃决、1/2 溃决和全溃制定测流方案……高效的组织实施、周密的部署安排，为抢险工作赢得了时间，为唐家山堰塞湖抢险和震区后期水灾害治理，提供了可靠的水文数据和技术分析材料。

2018 年年底，我又参加了白格堰塞湖应急处置，因为是最后一次“出征”，印象深刻。2018 年 11 月 3 日，西藏自治区昌都市江达县波罗乡白格村境内金沙江右岸再次发生大规模山体滑坡，滑坡堵塞金沙江并形成堰塞湖。8 日，我参加的部际联合工作组抵达堰塞湖应急处置一线，靠前指挥。在前方水文应急监测争分夺秒开展之时，长江水利委员会水文局在后方也成立了应急水文预报、水文分析和水位自记设备保障等应急小组，全力开展水文预报分析等工作。应急监测队在雨雪冰雹恶劣天气中，携带设备徒步穿行在高海拔无人区，昼夜兼程奔赴堰塞湖上下游波罗、叶巴滩、巴塘、苏洼龙、日冕、奔子栏、塔城、石鼓、虎跳峡等站点，历时 12 天，应急监测战役在 700 多公里的沿线各站点全面打响，应急监测和报汛工作紧张有序开展。堰塞湖过流后，面临罕见的超历史洪水，我局前后方密切配合，连续作战，不畏艰险，排除万难，精细化开展堰塞湖下泄洪水应急监测工作，成功获得超万年一遇洪水完整水位过程和宝贵的实测流量资料。

至今，我依然能想起长江水文的一线职工们抢测高洪的身影，想起后方预报和分析计算人员挑灯夜战的场景。他们置安危于度外，辗转于一线之间，坚守在测报最前线，一幅幅画面，都在我脑海中萦绕，挥之不去！特别是当所有的自动水位测报仪器都失去了反应，全站仪打出去的信号都返不回来的时候，当测站出现涨率1.54米每分、流速10.3米每秒的如此高速的河道水流已经超越我的认知极限的时候，我和我的同事们屹立在金沙江边，毫无惧色，穷尽一切能利用的手段，最终将完整的水文资料全都收入囊中。这一种骄傲，这一种自豪，叫做“我是长江水文人”！

三、服务决策强支撑，能力建设夯基础

在多年的工作中，我深深感受到，水文测报预报成绩的取得，必须在平时下工夫，加强能力建设和队伍建设，这样才能战时出光彩。

水文局预报处曾荣获全国预报大赛第一名，在历次全国水文勘测工技能竞赛中，水文局选手更是名列三甲。诸如此类的奖项数不胜数，团队水平的共同提高，为我们取得优异成绩奠定了扎实的基础。

同时，水文局历届班子都坚持技术立局，开展技术创新，走现代化的路子。在历任局长的努力下，2005年我们在全国率先实现118个中央报汛站报汛自动化，让几代长江水文人好梦成真。2006年，我接过接力棒，每次用3年左右时间，集中力量抓能力提升。2007—2010年，开展了水文测验方式方法技术创新，给水文测验带来了在线、巡测的革命性变化，其成果和经验得到了水利部水文司高度认可，并在全国推广。2015年至今，开展水文信息化建设，努力实现三个一，即“数据资源一个中心”“信息共享一张图”“应用服务一个平台”，不断推动长江水文信息化、现代化。通过这些工作，确保了能够从技术层次上有力支持防汛水文测报工作。

人才有了，技术有了，还要有趁手的武器。自我工作以来，长江水文就一直在打磨防汛预报的利器。我亲自参与和见证了长江水文四代预报系统的“前世今生”。

1994年，我调入水文气象预报处工作，那个时候单机预报软件辅之以手工作业，仍是预报员的“常规武器”，信息通信手段落后，早上8时的水文信息，花3个小时时间都不一定能收齐，预报作业能在12时以前完成就很不错了。在防汛预报精度要求越来越高的形势下，我们从零起步，建成第一代长江洪水预报系统——“长江专家交互式预报系统”，开辟了专家经验与计算机技术有机结合的可行途径，这也成为之后20多年洪水预报系统研发的核心理念。

这套系统在1998年抗洪中派上了用场，也坚定了我们继续开发完善的信心。

2003年6月，三峡工程首次蓄水，开始通航、发电，枢纽初步产生效益。长江流域建成以三峡工程为核心，分蓄洪区、河道整治、干支流水库相配套，辅以平垸行洪、退田还湖、水土保持等措施及非工程措施的体系。但随着三峡及其以上水库群建成，长江流域的产汇流特性发生了改变，动库容影响下的库区洪水演进变成了新的课题，倒逼我们必须进一步改变已有的预报方式，重新换一套思路来做长江洪水预报。期间我们开展多种模型和流域产汇流规律的研究，在此基础上对流域的预报方案进行了大规模的修编，形成了基本覆盖全流域的预报方案体系。相应的，长江洪水预报系统也需要进一步升级。2006年，通用型水文预报平台问世，这是第二代洪水预报系统，也是之后“长江防洪预报调度系统”的雏形。新系统成功解决了三峡入库洪水的预报难题，借助这套系统，2010年、2012年，长江水利委员会水文局提前5天，准确预报出三峡水库最大入库流量70000立方米每秒、71200立方米每秒，通过调度三峡水库拦洪错峰，确保了沙市水位不超过警戒水位，有效减轻了下游的防洪压力，避免了千军万马上堤巡查抢险。

随着流域内控制性水库群的建成，预报对调度的支撑作用越发凸显，调度对预报的影响越加显著，预报与调度逐渐不可分割，长江防洪预报调度系统应运而生。从2014年开始，长江水利委员会水文局依托国家防汛抗旱指挥系统二期工程，倾力打造长江洪水预报系统的升级版——“长江防洪预报调度系统”。系统实现信息综合展示、预报演算、交互式调度分析和会商决策支持等功能于一体，真正做到了预报调度分析信息化、实时动态化，所见即所得。最关键的是，系统可以根据实际调度需求，动态构建预报调度体系。新的系统刚刚建成，便接连经受2016长江中下游型洪水、2017年长江中游型洪水和2018年长江上游型洪水的考验，成为实施长江流域水库群联合调度的利器！利用系统，我们不仅做出了精准预报，而且支持了水库群联合调度的方案，通过科学调度水库群进行拦洪削峰错峰，牢牢把握了防洪度汛的主动权，有力保障了长江沿岸人民的安居乐业。

2019年5月，水利部组织开展了长江流域防洪调度演练。本次演练以1998年长江洪水为背景，充分发挥以三峡水库为核心的长江上中游水库群联合防洪作用，采取洪水预报与水库调度运用相结合的手段，实现了全流域预报调度一体化、调度方案实时计算、快速比选、专家讨论、上下沟通、会商决策同步开展。而在此次防洪调度演练中起到强大的技术支撑作用的，正是长江水利委员会组织水文局研发的长江防洪预报调度系统。

如今，长江防洪预报调度系统已走出长江流域，并在服务“一带一路”、经济社会发展中得到推广运用。进入新时代，长江防洪预报调度系统必将展现新的活力和作为。未来可期，围绕长江流域100座水工程联合调度这个大目标，第四代预报系统已呼之欲出。首先是构建长江流域洪水模拟系统，其次是纳入更多综合信息，引入大数据挖掘和机器学习等人工智能新技术，构筑长江流域水工程综合调度的预报调度一体化支撑平台，为防洪调度、水量调度、泥沙调度、水生态调度及应急调度决策提供强有力的抓手。

四、“四个水文”践初心，砥砺奋进再出发

在防汛水文测报的战场，没有最好，只有更好，更加及时、更加准确才是我们永远的追求。不管时代如何变化，技术手段如何革新，长江水文人“团结、求实、奉献、进取”的精神传承不断，对及时测报、精确预报孜孜以求的初心不改，为防洪决策提供更有力的支撑、为长江两岸百姓的福祉贡献更多的力量的使命和担当始终不变。

站在新的历史起点上，长江水文将不忘初心，保持发展定力，始终坚持改革发展，着眼可持续健康发展，锐意创新，开拓进取，积极践行“社会水文、绿色水文、智慧水文、和谐水文”发展理念，为水旱灾害防御、水资源管理、水环境保护、水生态治理以及流域经济社会发展提供坚实有力、科学可靠的技术支撑！

我退休前的最后一战，来到金沙江，在处置白格堰塞湖的战场，和长江水文人并肩战斗，为成功应对和处置大洪水，做了我应该做的，为我和长江水文的故事划了一个圆满的句号。三十六载光阴荏苒，我毫无保留地把一切都献给长江水文，不负韶华，了无遗憾。

在堰塞湖坝顶，我拾了一块小石头带回，以志我的防汛生涯，也时刻提醒我，要像个老战士一样，若有战，召必回！

从荆江大堤抢险到荆江分洪区建设

刘大明

一

我生于1926年，中华人民共和国成立时，我已经26岁，由国统区主动赶到解放区，并参加了荆州地区的水利建设与发展过程，回想起来，记忆犹新。

1947年武汉大学“六一惨案”发生后，我的思想逐渐转入革命。1948年，我大学毕业，留校担任助教，想去解放区工作的想法越来越强，直到这年年底，终于有了实现的机会。

当时，我在武大的两位地下党同学胡升和舒跃夫为我找到了一位联系人。我马上乘船过江到汉口王家巷码头，在那位联系人家中住了一晚，他给我买好了第二天出发船票，票面上的终点大约是监利吧。不过，他嘱托我一定要在汉南的水洪口下船，并马上转乘小船到仙桃的彭场镇，找到中药店的老板就行了。并且说船在水洪口不靠岸，只是放慢速度，码头上会有小划子开来把下船的客人接到岸上。第二天上午船从武汉关出发，当天中午就到了水洪口，我拿起行李就跳了摆渡的小船。然后遵照联系人的安排，直接坐内河的小船，沿着东荆河向上游走。当晚就在船上食宿。然后再换船。到第三天就抵达了彭场镇，找到中药铺老板，对上了暗号。老板说，你到地方了，现在安全了。并把我引荐到城市工作部。

不久，我被安排到中原解放区江汉军区第三军分区，其行政区划为沔阳专

刘大明，四川人，1926年生，原长江委长江科学院副总工程师，著名河流、水工专家。

署。见到了专员阎钧和办事处主任（后任行署副专员）王锦川，我到解放区工作的理想终于实现了。

二

沔阳专区与武汉相距不远，但一个是解放区，一个是国统区，完全是不一样的世界。到解放区前，我们也常唱“解放区的天是明朗的天，解放区的人民好喜欢”，还以为是宣传。但真正抵达解放区后，却发现这里官兵平等，兵民平等，连空气都带有自由的味道，让厌倦了国统区尔虞我诈的我心情舒畅，浑身有干不完的劲。

江汉平原历来水患频繁，号称“十年九不收”。我先在沔阳专署民教科工作。专署领导得知我是学土木工程的，懂一点水利后，马上把我调到水利局，并放心地把修堤防汛的事交给我做，遇上复杂的水事纠纷时，阎钧专员还记得把我带上。记得我第一次遇到这样的纠纷是在石首，我们从新堤到那里要乘船横渡洪湖，组织上给我配备了一把枪，我很高兴，拿出来对空中放上一枪。阎钧说，放枪可以，但要看准目标，向空中瞎射是不行的。这让我很受启发。

大约在 1949 年 7 月上旬，我在沔阳专署办公时，突然有人报告，说荆江大堤祁家渊冲和观段已经被洪水冲掉了一半，马上就要垮了。当时情况万分危急，我也顾不上向领导请示，就和另一名同事连夜向沙市徒步前进，中间还在百姓家住了一晚。赶到现场时，发现形势异常严峻，而负责该段堤防的原江汉工程局第八工务所人员都缩居沙市市内，荆江大堤沿线空无一人，防汛根本没人管。

我虽然懂一点水利，但对大江大河的防洪没有概念，只知荆江洪水可怕，但不知道如何处理，只好请教堤董。然后命令保甲长组织群众上堤，先就地取材，沿崩坍水面沉树数十棵，缓和顶冲流势，并利用堤上堆存不多的蛮石，靠群众送来的柴草树枝，捆扎柳枕数十个，顺坡面抛下去，稳定坡脚。这种方法看似简单，但能够挡水流，而且容易淤沙，对付荆江抗洪抢险十分有效。我当时只有 23 岁，无职无权也没有武装，但保甲长们都很听话，叫他们干什么都干，要人要物都给。在这样紧急抢救两天后，险情终于熬过去了。

1949 年荆江洪水的最高水位是 44.49 米，创下了历年实测水位的最高值，也是后来确定荆江防洪标准的重要依据。此后，林一山曾经多次说过，荆江大堤出事，如果发生在白天，会造成 50 万人伤亡，如果发生在夜晚，可能造成 70 万人伤亡，并可能造成长江改道。并以 1949 年的祁家渊抢险为例，说幸亏当时天公作美，降雨停止，否则后果无法想象。

我为自己能够亲身参与，并领导此次抢险而自豪。不久后，在阎钧和王锦川的介绍下，我光荣地加入了共产党。

三

1951 年，阎钧调到荆州担任地委书记，同时兼任沙市修防处处长。我也随他一起调入荆州，担任修防处副处长，主持日常工作。

此时的沙市修防处，实行双重管理，在组织由荆州地委领导，在业务上接受长委会中游局领导，这也使我结识了长委会副主任兼中游局局长任士舜。

我到荆州不久，就赶上“三反”“五反”，也在修防处内打起了“老虎”。

1952 年初，任士舜到修防处传达命令，要求我们停止“打老虎”，集中力量投入荆江分洪工程建设。给我交办的任务是到宜昌，协助宜昌地委、专署成立的采砂石指挥部，完成砂石材料的供应。当时主要的采砂点在乐天溪，离江面近，挖掘、运输还相对容易。而到南津关采石就困难多了，因为这里不仅石质坚硬，而且我们缺乏设备和技术工人。为此，指挥部请来铁匠师傅将螺纹钢制作成钢钎，并请熟练火药的同志指导民工们怎么打炮眼，怎么装药，怎么放炮。尽管如此，在放炮采石时还是出现过事故，牺牲了几位民工，我还为他们处理后事，召开了简朴的追悼会。

荆江分洪的主体工程建设持续了 3 个月，而我参加采砂石工作长达近半年，每天乘船行进于南津关到乐天溪，忙得不亦乐乎。

荆江分洪工程完工后，宜昌专署召开了总结会时，为有关人员评功，我虽没有立功，但自认为工作还算出色，没有功劳，也有苦劳，宜昌行署的刘专员也对我说：“你辛苦了。”

四

荆江分洪结束后，任士舜希望我能到长江委中游局，并承诺派我到苏联学习水工技术。荆州地委和阎钧同志经过慎重考虑后，认为我在长委会发展空间更大，没有强留。于是我在 1952 年下半年进入中游局，回到武汉，见到了阔别多年的老师、同事，并与中断联系的女友再续前缘，共结连理。

1954 年下半年，在任士舜的安排下，我离开武汉，前往苏联学习水工技术，直到 1959 年初回国。此时，以三峡工程为主体的长江流域规划已经编制完成，长江委也已改组为长江流域规划办公室。任士舜同志调离武汉，到武汉水院担任党委书记。不久后，我被正式分配到长江科学院，直到退休。

这便是我在中华人民共和国成立前后在荆江流域工作的主要经历。

如今，这此事已经过去了 60 多年，我也年过九旬，但我至今仍为自己能够克服困难，到解放区工作感到自豪；为自己能独立指挥祁家渊冲和观的抗洪抢险感到自豪，我同样为自己能够参加中华人民共和国第一项重大的水利工程——荆江分洪工程的建设而自豪。

初心不改　步履不歇

——原长江设计院党委委员、纪委书记、副院长杨光煦先进事迹

长江水利委员会长江设计院党群部

他曾是丹江口、葛洲坝、万安、三峡等重大工程的设计尖兵。他，业绩赫赫，无论国之重器还是民生项目，攻克无数技术难关；他，春风化雨，将一生的工程技术经验梳理总结，对年轻技术人员倾心培养，学术和人品人人称颂；他，初心不改，40 年党龄，共产主义理想不灭，一辈子躬身付出，使命在肩，用实际行动践行着一名共产党员的铮铮誓言。

九江大堤若有记忆，当记得 1998 年那个凶险的夏天，一位神情坚毅、步履匆忙的水利工作者，在大堤溃口、洪水汹涌而入的危难之际，是如何组织封堵溃口、化险为夷。那一年，作为国家防总江西安徽段专家组组长，几近花甲之年的杨光煦临危受命，赶赴溃口现场。面对落差高达 4 米、汹涌而入的洪水，面对地质条件差的河床和没有机械化作业的条件，他沉着冷静，果敢决断，下令在 50 米的溃口处沉下一艘长 75 米、载重 1650 吨的铁驳船，铁驳船的前方再沉 8 条船，以此为基础迅速筑起一道半圆形围堰，堵住狂泻的江水，然后在顺流一侧高流速区下沉钢栅栏，封堵沉船间缺口以减少抛投物流失，迅速抛投石块，筑起土围堰，并在后侧筑起黏土闭气层防止渗漏，溃口终于合龙！

这是杨光煦毕生难忘的一战。面对滔滔洪水，他毫无畏惧，爬上高处，靠前指挥，确保了九江大堤万无一失。

2000 年，披载着全国五一劳动奖章、全国抗洪模范、国家科技进步特等奖、湖北省优秀共产党员等诸多荣誉，杨光煦光荣退休了。然而，一生奉献治江事业，40 年党员铮铮誓言，哪舍得说断就断。

初心，一名共产党员“奋斗终生”的初心、一名治江工作者“兴水惠民”

的初心，指引着杨光煦鼓劲风帆、再踏征途。退休后，他转头又扎进自己熟悉的专业领域，初心不改，步履不歇，誓把一生智慧都奉献给崇高的治江事业、奉献给伟大的社会主义建设事业。

事实上，党的考验、人民的考验也从未停止。就在前不久，柬埔寨最大水电站——达岱水电站开工后，坝基及坝体发生严重渗漏。事故一出，准备实施放空水库处理，不仅危及柬埔寨全国供电安全，且成本昂贵，还可能影响中国企业在柬声誉。情况紧急，长江设计院请杨光煦咨询，凭借多年实践经验，他精准施策，提出采用可控灌浆技术，水下直接处理。6 月，此方案实施后，渗水量降到安全范围内，事故处理取得圆满成功。

此外，目前在建的鄂州货运机场是全球第四、亚洲第一的国际货运机场，属于国家投资项目。机场位于深厚软土地基上，杨光煦参与机场地基处理及土方工程技术咨询，孜孜不倦、精心钻研，提出了满满当当 23 页的书面意见，资料之翔实、分析之严谨，一步步优化地基处理技术措施，机场建设得以进展顺利。

我们常说，“哪有什么岁月静好，不过是有人替你负重前行。”2012 年的某天，深夜 2 时，万籁俱寂中杨光煦被一阵急促的电话铃声叫醒，原来是武昌广埠屯一处地下隧道工程出现塌方险情。不容分说，70 多岁的他立马起身赶到现场，了解险情，查找相关图纸资料，提出了有效的紧急处理方案。这样的突发事件，还有很多很多。

这就是杨光煦。在职时，对党忠诚、克己奉公；退休后，朴实纯粹、甘于奉献。退休后的他，工作日程表安排得满满的，比在职时还要“满”。据不完全统计，他一年参加咨询活动上百次，退休至今总计上千次，其中重大工程技术咨询活动 120 余次，足迹遍布西藏、新疆、海南在内的全国 29 个省（自治区、直辖市）。三峡库区地质灾害、南水北调中线工程、武汉过江盾构隧道、广州珠江黄埔大桥等等，这些工程涉及地下与水下工程、特殊土质地基等，技术难度大、风险高。对于所咨询的项目，他都能提出很有见地的意见和建议，破解关键技术难题，赢得各方赞誉。

一名党员，就是一面旗帜。长期以来，杨光煦严谨细致、科学求实的工作作风给大家留下了深刻印象，他独有的“光煦四不”咨询原则在行业内影响也很大：

一不，不只听汇报，要看翔实资料才有发言权；

二不，不懂的就不讲，弄懂了才讲，不讲模棱两可的话；

三不，不打断汇报人的发言，不中途提问，尊重对方；

四不，不讲套话、空话、废话，讲解决实际问题的话。

厚积才能薄发，短短“四不”，却是漫长致学和实践生涯的累积。作为地下工程最具影响力的咨询专家，杨光煦爱读书，爱钻研，爱汲取新知识，也善于进行总结。他把自己一生的工程技术经验变成了一个个图表、公式、数字、文字，变成了一篇篇论文，汇聚成一部部专著，流传于世。

他共出过8本专著，100多篇技术论文，可以说是一个高产的专家。退休后他笔耕不辍，完成4部专著、发表9篇技术论文，其中《三峡二期围堰深水抛投风化砂施工期稳定分析及抛投技术》获全国优秀学术成果一等奖。

在2016年公开出版的《岩土工程关键技术研究与实践》专著中，他全面系统地总结了50余年来工作经验和卓越思想：“复杂问题简单化、技术问题具体化、工程问题数值化。”书中的前言道出他的心声：“把工作中遇到的关键技术问题及其解决方法、效果，包括成功经验、失败教训进行总结，奉献社会，在知识经济新时代是件非常有益于我国社会主义建设和科技事业发展的事情。”

杨光煦不仅是搭梯者，也是引路人。他为人低调、亲民，把培养帮助年轻人视为己任，丝毫没有老院长、专家的架子。他把抽空整理的重要工程关键部位和难点疑点技术笔记，敞开让年轻人阅读；他还为年轻人提出的问题逐条书面解答，在新项目“海上风电复合筒型基础”中，他写下满满4页的书面咨询意见。在黔江区罗家堡工程（高面板堆石坝）开工前，他书面回答了青年设计人员12个技术问题，解决了基础设计难题；2018年7月，该工程开工后，他又到工地现场，针对施工9大技术问题写下满满8页书面意见。

他是永不停息的实干家，他是永不止步的搭梯者，他是永护后辈的引路人，他也是热爱生活的大丈夫。杨光煦的妻子身体不好，出行靠轮椅。40多年来，他只要在家总是尽量分担家务，一有闲暇就推着轮椅陪伴妻子到户外散步。为了更好地陪护妻子，多年来，他一直使用双杠、拉力器，练就强健的臂力，方便抱起妻子上下楼梯，给予妻子更多的安全呵护。如今老伴患了老年痴呆症，照顾难度更大，白天上班请了护工，早晚都是他自己照管老伴的衣食起居。2015年，他荣获长江委第二届“十佳老人”称号，这是对他事业的肯定，也是对他作为一名丈夫的肯定。

莫道桑榆晚，为霞尚满天。在杨光煦身上，我们看到一名共产党员对党的忠诚和信念，一位治江工作者为民造福的情怀和奉献，一位水利前辈对后起之秀的倾注和培养，和一位顶梁柱对家庭的责任和担当。如果要寻找新时代水利精神和长江委精神的标杆与注解，那杨光煦就是当之无愧的榜样！

当前，随着新时期水利改革发展的不断推进，治江事业高质量发展和长江水利委员会又好又快发展的持续深入，我们更加要以杨光煦同志为榜样，不忘初心、牢记使命，大力弘扬求真务实、开拓创新的工作作风，以新时代、新担当、新作为为水利改革发展奉献更大的力量！

我曾参与的三峡科研工作

——为中华人民共和国成立70周年献礼

陈靖甫

中华人民共和国成立70周年，我也年逾九旬，回顾我在新中国走过的历程，最让我骄傲的，莫过于我参与了三峡工程的设计、规划与科研工作。

1959年，三峡工程勘测设计科研工作全面展开，三峡设计工作处于任务多、工作忙的高峰时期。我奉调到长办三峡领导小组任秘书，在洪庆余总工程师指导下工作。当时我的主要任务是协调长办各专业处室有关三峡工程设计工作，以及在国家科委三峡组领导下进行的重大课题与科研项目的编制等任务。

1958年，国家科学技术委员会三峡枢纽工程科学技术专业组成立。组长为张劲夫，副组长刘西尧、张友萱、冯仲云。组员有林一山、李镇南，汪道涵、江泽民、周建南、金实遽、葛琛、周刚、黄正夏、赵飞克、张子林等同志。三峡枢纽工程科学技术专业组组织全国大专院校和科学研究单位开展重大科学技术问题的研究，专业组下设有地质、水利、动力、机械、经济、施工等大组，大组下设若干分组。长办是根据工程设计需要提出重大科学技术问题，制定科学研究计划，并形成草案提交大会讨论。三峡工程重大科学研究主要是由试验田、试验基地和重大科学技术项目组成。

1959年，我参加国家科委在武汉召开的第二次科研会议的秘书组工作，1960年参加了在北京香山召开的科委三峡组扩大会议和三峡工程科研规划工作会议，对三峡工程的一些重大技术问题有了较为全面的了解。记得那是在

陈靖甫，湖南湘乡人，1926年生，长江设计院枢纽处退休高级工程师，土石坝专家。长江水利委员会首届“十佳老人”。

1960 年冬，国家正值困难时期，参加会议的领导、干部非常多，但参会人群里没有一个人是胖子，可见当时大家生活是非常艰苦的。

20 世纪 50 年代后期，我国基础建设刚刚起步，三峡工程所面临的许多重大技术难题都是超世界水平的，只能采取“试验田”，即从正在建设中的工程中逐步总结经验、学习技术的方式来提高设计水平。例如，大型水轮发电机组和高压电器等设备，20 世纪 60 年代初期我国试制的 72500 千瓦水轮发电机组用于新安江电站，而当时世界上功率最大的机组是在美国，为 13 万千瓦。苏联正在制造中的机组为 23.5 万千瓦。而我国准备试制的是刘家峡电站，为 21 万千瓦机组。三峡电站机组在 1960 年的初步设计方案中单机为 30 万千瓦，容量在当时来说是最大的。现在建成后的电站实际采用的为 70 万千瓦机组，也已远远超过原设计水平。

1959—1968 年，我每年都与勘测总工程师陈寅到三峡坝区了解地质情况与布置勘探工作，几乎走遍了三斗坪、太平溪和石牌等坝址山上、山下的每一个角落。其中有一次，我们利用两天的时间上钻机亲身体验钻机小组工人的工作与生活，动手操作锯钻头，在现场体验并感受钻探花岗岩时由于岩石硬度高频繁更换锯钻头，使进尺缓慢等特征，实地了解工人进行钻探时作业的整个过程。

通过对三峡初步设计要点报告的学习与理解，对于大型水利工程设计，首先还要解决好坝址和水位两个问题，而水位、坝址又与国家经济状况、政治形势及开发建设方式有密切联系。三峡工程从常规设计到工程防护、分期开发建设和一次建成都反映了上述的关系。特别是坝址与水位的选择还要根据国家经济状况及应对战争破坏带来的影响，因而在坝址选址过程中，从三斗坪到石牌、太平溪，后又回到三斗坪，经过反复研究，最后确定三斗坪坝址。在这方面长办的勘测、设计、科研所做的工作非常之多，仅坝址勘测钻探进尺就达 10 万米，是世界上少有的。

经验证明，重大项目的实施能带动学科进步与发展，在项目中所遇到的重大科学技术难题，也是可通过“试验田”方式去逐步过渡提高。葛洲坝工程是三峡工程的实战准备，它将长期争论的通航和水库泥沙问题的解决先行一步，体现了“充分可靠”的方针。

1960 年后，因三峡设计工作受国际、国内形势的影响出现了变化和波动，三峡枢纽初步设计（三斗坪坝址，200 米水位）完成后，国家就遇三年困难时期。三峡的设计工作因三峡的防护问题，将坝址选择与研究转至处于狭窄河谷的南津关坝区的石牌坝址，并只保留少数设计人员配合勘测研究工作。

中央及时提出了“雄心不变，加强科研”的方针，国家科委在香山召开三峡组扩大会议，调整了三峡科研课题，增加了定向爆破筑坝和大跨度洞室开挖等课题。1963 年，林一山主任提出分期开发提前发电的设想，以围堰发电、分期蓄水、最终建成的三期开发方案。于是，就停止了对石牌方案的勘测研究，坝址研究又转回到美人沱坝区中等河谷的太平溪坝址。

后来，长办的工作重点转至三峡工程试验田的丹江口工程及金沙江虎跳峡，相关人员相继调离三峡组，三峡设计工作也基本停顿下来。1963 年，我临时调到总工程师室，任李镇南秘书兼对三峡科研联系。1966 年，长办恢复三峡组，我再次调回枢纽处，负责三峡组分期开发研究工作，但因诸多因素相关工作并未如期开展。

从当时情况来看，没有国家的大气候，就不会有三峡小气候，三峡工程一直到 20 世纪 80 年代中期都处于论证阶段。1970 年三峡工程实战准备的葛洲坝工程开工，三峡设计研究工作才渐见曙光。

1988 年我到期退休。因我对三峡工程较为熟悉，又懂点计算机，枢纽处就返聘我，并让邓晖同志协助，要求我编制三峡设计数据库，与长办计算中心合作创建三峡设计数据库。当时，计算中心确定采用 ORACLE 系统软件。数据库共 10 个部分并绘制成框图。主要有：①综合类；②三峡水利枢纽初步设计（1993 年）；③三峡水利枢纽可行性研究（1989 年）；④三峡工程专题论证报告（1988 年）；⑤三峡水利枢纽水位 150 米方案初步设计（1985 年）；⑥三峡水利枢纽水位 150 米方案可行性研究（1983 年）；⑦三峡水利枢纽论证报告（1981 年）；⑧三峡水利枢纽坝址选择补充设计（1978 年）；⑨三峡水利枢纽水位 200 米方案初步设计（1960 年）；⑩三峡水利枢纽初步设计要点（1958 年）。水工设计数据库（包括大坝、厂房和船闸等）编制后，未能继续完成施工、机电等部分，工作即告一段落。

因受当时软件的限制，在编制中仍存在许多不足，如：①原设想采用图、文、表综合编制较好，最后只有“文”，且文字多摘抄（有的应全文扫描）；②设计数据库只有水工部分，缺少施工与机电部分；③数据库还应包括勘测、科学研究工作，和后阶段专题论证等。这些工作有待后人来完成。三峡工程 40 年来前期工作的最终成果应认真做好，是一笔宝贵财富。

从1950年参加工作至今65年，我从事水利工作52年，能在和平环境中工作和生活，我感到非常幸福，能亲身参加祖国的水利建设，几十年来目睹国家天翻地覆的变化，特别是曾亲自参与举世闻名长江三峡、汉江丹江口水利枢纽、黄河小浪底和唐山陡河水库抗震加固等工程的设计工作，我深感荣幸与自豪。

大河潮涌　余热生辉

——黄河水利委员会关工委主任岳崇诚同志先进事迹

黄河水利委员会离退休职工管理局

岳崇诚同志，现年（2019年）89岁，1992年离休，离休前任黄河水利委员会黄河工会主席。他自1986年开始从事关心下一代工作，1998年任黄河水利委员会关心下一代工作委员会主任。几十年来，他为了青少年的健康成长，不顾年迈的身体，兢兢业业、无私奉献，倾注了满腔热血，付出了辛勤汗水，做出了突出成绩，受到了干部职工、社区群众和有关领导的肯定和赞誉。

一、政治信仰坚定、精神风貌阳光，一心扑到关心下一代工作中

岳崇诚同志担任领导职务多年，具有较高的政治修养、丰富的领导艺术和深厚的理论涵养，作为一名有50多年党龄的老党员，在大是大非面前有着清醒的政治定力，能够与党中央保持高度一致，坚定维护党和国家的形象。尤其是在“法轮功”活动猖獗的日子里，他挺身而出，两次组织学生、居民数千人参加了“崇尚科学、反对邪教”大型长卷签名活动，收到很好的教育效果。

他精神风貌阳光，乐观豁达，勤奋好学，永不懈怠。平日里，能够和青少年、工作人员和老同志打成一片，深受大家的信任和爱戴。近年来，他认真学习党和国家领导人对关工委工作的重要指示和中国关工委、河南省关工委有关文件精神。每天抽出一定时间翻阅报纸、收看新闻，了解国内时政要闻，努力做到紧跟时代变化不掉队。

他以坚定的政治信仰和阳光的精神风貌投身于关心下一代工作中，他总是

把青少年的健康成长作为高于一切的使命，认真负责，一丝不苟。他积极动员发展“五老”队伍，与学校、社区、公安机关、共青团组织、青少年家庭等方面密切配合、通力合作，在促进青少年健康成长，促进代际和谐、单位和谐、家庭和谐与社会和谐等方面，取得了较为明显的效果，使黄河水利委员会关心下一代工作开展得有声有色。

二、生活方式健康、个人品行端正，长期无私救助贫困地区失学儿童

岳崇诚同志生活方式健康，虽然已经是 89 岁的老人，但身体健康、思维敏捷，依然可以每天步行到办公室工作。他还积极参加黄河水利委员会的各项活动，“健步走”“元宵节游艺活动”“书法比赛”等都少不了他的身影。他尤其热爱书法艺术，常年笔耕不辍，多次在黄河水利委员会书法比赛中获奖，每逢重大节日和重要时间节点，他都会挥毫泼墨，为党领导下取得的伟大成就喝彩点赞，用艺术的形式传递正能量。

他品行端正、作风正派，能够率先垂范社会主义核心价值观，深受大家的尊敬和爱戴。尤其是他无私奉献，常年帮助贫困地区失学儿童的事迹，更是被传为美谈。他不仅多次出资救助贫困儿童、援建校舍，把贫困儿童接到郑州过春节，还不失时机地为需要救助的儿童和愿意伸出温暖之手的好心人牵线搭桥。多年来，先后为 180 多位孤儿和失学儿童结上对子，使他们得到资助。他还经常给孩子们去信问寒问暖，每逢“六一”，都要买些学习用品寄给孩子，还数次奔波千里去看望被资助的孩子和家庭，勉励孩子们努力学习，奋发有为。他还协助黄河中学与登封市大金店镇崔坪村小学组织城乡同学“一帮一、结对子”活动，先后送去捐赠书籍上万册、衣物文具 3000 余件。

三、发挥作用积极、乐于奉献社会，通过关心下一代工作为党和人民的事业增添正能量

岳崇诚同志已是 80 多岁的高龄老人，他总是把青少年的健康成长看得高

于一切。周围的人们心疼地劝他要多保重身体，他却说："能为社会、为青少年做点事，再忙再累也高兴。"

他做事认真细致、凡事亲力亲为。为了组织较大型活动，他经常放弃休息时间；为了给小学生购买学习奖品，他常常往返于各个小商品城批发市场；为了能使更多的失学儿童得到救助，他尽其所能，动员了一批又一批好心人加入资助队伍；为了青少年健康茁壮成长，为了祖国的未来和希望，他全身心投入到青少年教育工作中，通过关心下一代工作为党和人民的事业持续增添正能量。

他以高尚的道德情操和人格魅力，吸引带领了一大批老同志从事关心下一代事业，他在实现人生价值的同时，受到周围人们的尊重和广大青少年的爱戴，他的工作也得到黄河水利委员会领导的高度评价。黄河水利委员会关工委的"五老"队伍在他的带领下，围绕"服务青少年成长成才"这一工作宗旨，创新思路，丰富载体，采取适合青少年特点的教育形式、方法和内容，组织开展一系列有益的寓教于乐活动。在学校里打造社会主义核心价值观文化长廊；为宣传习近平总书记在黄河流域生态保护和高质量发展座谈会上的讲话精神，组织学生参观黄河博物馆，弘扬黄河文化；组织学生参加中国关工委组织的"中华魂"主题教育和省、市组织的青少年爱国主义教育读书活动、"学雷锋精神，树时代新风"知识竞赛；还组织开展老少同乐庆"八一"、拜望老战士听爷爷讲革命故事等活动。这些活动的开展受到了广大青少年的欢迎，取得了良好的社会效果。

岳崇诚同志就是这样一位老人，怀着对党和国家的忠心和赤诚，以阳光的风貌和执着的追求，在为党和人民增添正能量的活动中持续作为，书写着关心下一代工作美好的明天。

孜孜求索黄河的长治久安之路

——访河南（黄河）河务局原局长、党组书记王渭泾

祖士保

在河南黄河，有这样一位年近八旬的长者，他的名字与黄河天生有缘，他的40年职业生涯与黄河朝夕为伴，他先后在前左河口水文实验站、济南水文总站、黄河水利委员会机关、河南（黄河）河务局等单位工作，曾任济南水文总站副主任、黄河水利委员会办公室主任、河南（黄河）河务局局长等职。

他多次指挥黄河大洪水的防御和抢险工作，保证了河南黄河的防洪安全；他组织完成了小浪底水库温孟滩移民安置工程，为河南（黄河）河务局施工队伍的成长和经济实力的壮大奠定了坚实的基础。

退休后，他没有了行政事务的羁绊，有了更多的时间静下心来，对过去几十年的治河经验进行总结，也有了更多时间钻进历史典籍，去探究数千年来黄河的治理方略。他编写出版的《黄河下游治理探讨》一书，把几十年的治河心得和经验悉数示人；他编写出版的《历览长河——黄河治理及其方略演变》一书，梳理分析了历代治河方略的演变和利弊得失。同时，他还致力于黄河文化的创作、研究和传播普及。

虽然退休已近20年，但他的心却一刻也没有离开过为之奉献了半生的事业，仍积极建言献策或授业培训。他曾任中国保护黄河基金会秘书长、河南（黄河）河务局科技委副主任和黄河水利委员会科技委委员；他每年都作为特邀讲师，为地方行政首长培训班的学员讲授防汛抢险知识。更为可贵的是，他一直在努力思考，孜孜不倦地探索着黄河的长治久安之路。他，就是河南（黄河）河务局原局长、党组书记王渭泾。

水文记：艰苦岁月铸就治黄初心

1941年5月，王渭泾生于河南省开封市。1961年，20岁的他从黄河水利学院毕业，分配至山东省垦利县前左河口水文实验站。该站位于黄河河口冲积扇下端，是一片新生的、尚未开发的土地，偏僻闭塞、交通不便。报到时，他从开封市出发乘火车转汽车然后步行，辗转7天才到达站上。那个年代的年轻人，个个激情满怀，一起报到的同学都表示愿意到最艰苦的地方接受锻炼，于是他被分配到前左水文站下属最偏远的、黄河最末端的站点——四号桩河床站工作。因河口摆动，该站人员已逐渐撤离，最后只剩他一人执行留守和观测气象、水位的任务。

四号桩站，位于滨海无人区，满目荒凉，没有任何通信工具，连收音机都没有，除了每月一次有人来送粮食外，几乎与外界隔绝，这让他体味到鲁滨孙漂流荒岛般的孤寂，以至于经常架起经纬仪观察是否有人过来。一年后，他开始参与河口滨海区河道断面测量工作。20世纪60年代困难时期，粮食定量很低，外业测量的劳动强度又大，所以他当时面临的是心理和体能的双重考验。

此外，由于当时交通、通信等基础设施差，工作中还会遇到很多危险。1962年的汛后河道统测中，王渭泾和站长驾驶一个机动舢板出河查勘，了解河口淤积延伸情况。由于河口附近流路宽浅散乱，尽管舢板吃水很浅，但在河口拦门沙附近仍难找到出路，直到傍晚，他们才摸到了出海的通道。海上查勘结束时天已擦黑，海面上起了风浪，变化莫测的河口流路又发生了变化，返回的通道找不到了！几米长的小舢板颠簸在茫茫大海上，就像一片树叶，随时都有被风浪吞没的危险。两人只能奋力在昏暗中摸索，最后终于把舢板拖进一个潮沟子才得以脱险，并在那里挨过漫长的一夜。

就是在这样艰苦困难的条件下，前左水文站的同志出色完成了多项测量任务，为黄河水文积累了第一手的宝贵资料。也正是因为经历了这一段艰苦的岁月，练就了他日后不畏困难、艰苦奋斗的品质和献身黄河治理事业的一颗初心。

防汛记：抗洪抢险确保大河安澜

1982年，黄河花园口站出现了15300立方米每秒的大洪水。为确保黄河防洪安全，水利部、黄河水利委员会和河南、山东两省政府建议使用东平湖分洪区分洪，后经国务院批准施行。这是东平湖分洪区第一次也是迄今为止唯一一次分洪运用。分洪由山东省政府具体实施，黄河水利委员会派出由副主任带队的 3 人工作组，指导、协助山东省政府实施分洪工作。

王渭泾作为黄河水利委员会工作组的成员，参与了此次分洪行动。分洪时机的把握是分洪成功与否的关键之一，也是工作组的重要职责。为了能够把握最佳的分洪时机，他们和沿程各水文站实时沟通，全面了解和掌握洪水演进情况，并与山东省分洪指挥部一起研究决策，最终精准把握住分洪时机，保障了分洪任务的圆满完成。

1984 年年底，王渭泾到河南（黄河）河务局主持工作。1985 年，黄河就出现了严重汛情，伏汛和秋汛接踵而至。当年的洪水一直持续到 10 月 23 日，是中华人民共和国成立以来，秋汛结束最晚的一年，也是抢险行动最多的年份之一。最早出现险情的是郑州的东大坝，此后由于秋汛洪水持续不减，双井、驾部、大溜寺、于林、大玉兰等工程相继出现重大险情。9—10 月黄河河南段仍出险 374 次，基层单位全线告急！

当时，防汛经费实行包干，经费紧张，料物储备不足，防洪工程薄弱，可谓危机四伏。王渭泾在全面安排抢险工作的同时，哪里险情紧急就到哪里去，现场协助地方政府和基层领导解决问题。在险情出现之初，他就亲自组织带领河南（黄河）河务局机关职工到东大坝参与抢险。9 月中旬，温县、孟县（现为孟州市）交界处出现横河，滩地剧烈坍塌，最快时每天达四五十米，迅速逼近黄河堤和蟒河河道。王渭泾组织全局抢险队和支援抗洪抢险的 1800 名解放军战士并肩战斗，经过 26 天的艰苦奋战，终于控制了险情。到 10 月底汛期结束时，绝大部分出险工程均恢复了原貌，取得了抢险斗争的胜利。

1996 年 8 月 4 日，黄河花园口出现了 7600 立方米每秒的洪水。按照洪水量级，虽属于中常洪水的范围，但由于 20 世纪八九十年代河道淤积严重，主河槽萎缩，排洪能力下降，这场洪水水位大幅偏高，漫滩范围大，灾情重、险情多，河南黄河堤防偎水长度达 350 公里，堤根水深 3 米左右，最深 6 米，大坝多处出现脱坡，许多背河潭坑、水井出现管涌迹象，70 多处工程、450 多道坝出险 1400 多坝次。

洪水进入河南伊始，王渭泾认真分析防洪形势，决定将工作重点由一线控导工程迅速转移到大堤守护和群众迁移安置上来。经向河南省委、省政府汇报引起高度重视，决定推迟原定 8 月 6 日召开的河南省委六届二中全会，由 5 位省委常委带领工作组，赴沿黄各地指挥抗洪抢险和群众迁安转移工作，并迅速组织 50 万防汛队伍上堤巡查。王渭泾陪同时任省长的马忠臣同志赴抢险一线督导。经过共同努力，堤防险情得到了及时抢护，洪水的灾害损失被降到最低限度，抗洪斗争取得了完全胜利。

王渭泾在河南（黄河）河务局担任领导工作 17 年，多次组织大洪水的抗洪抢险工作。根据实战经验，他撰写了《关于防汛指挥的几个问题》，至今仍是河南省各级行政首长防汛培训的主要教材之一。

迁安记：移民工程情系经济民生

温县、孟县黄河滩区（以下简称温孟滩）治理，是河南（黄河）河务局在 20 世纪 90 年代承担的一项重要工程。当时，小浪底水利枢纽工程建设正陆续展开，库区移民的安置是工程建设的关键环节之一，河南省涉及新安县的移民 8 万多人。

1990 年，河南省人民政府和黄河水利委员会提出在黄河温县、孟县滩区安置新安县大部分移民的设想。经原国家计委组织反复论证，批准了相应的规划方案。安置区共 53 平方千米近 8 万亩土地，地势低洼，大部分为不适宜耕种的沙质土壤，如用于移民安置，一是要解决该区域的防洪安全问题，二是要解决土地改造问题。这两项任务都有较大难度，有人质疑河南（黄河）河务局没有承担大型工程特别是改土工程的经验，难以完成这项任务。该局领导班子经过认真研究，为了支持小浪底工程建设，锻炼施工队伍，毅然决定承揽工程。

温孟滩黄河河道是典型的游荡性河道，河床宽浅散乱，河势游荡多变。如何规划流路，合理设置工程，是能否高质量完成整治任务的关键。建设期间，河南（黄河）河务局配合黄河水利科学研究院开展了河道模型试验。根据模型试验结果和以往河道整治经验，科学合理地确定了整治工程布局。

温孟滩土地改造工作是一个更加严峻的挑战。安置区数万亩土地，不但要按设计要求淤积抬高，地面耕作层还必须满足质量要求。大面积薄层放淤对河南黄河来说尚属首次，在国内外也缺少可供借鉴的经验。在黄河天然水流中，细颗粒泥沙能满足耕作层放淤要求的时段十分短暂，成为放淤改土的一大难题。王渭泾和工程技术人员一道，在总结以往放淤固堤经验的基础上，不断探索，大胆实践，综合利用自流放淤、坑塘集淤、机械吹填、远距离输沙、机械改土等多种施工技术和工艺，向移民群众交出了高质量的可耕土地。

在建设过程中，王渭泾把温孟滩移民工程当作全局工作的一项重要任务。调集全局施工人员3000多名（占当时全局人数的1/3），各种施工设备1200多台（套），精心组织、精心施工。各参建单位相互配合，发挥黄河人特别能吃苦、特别能战斗的精神，扎营荒滩、风餐露宿，抗严寒、斗酷暑，历时4年，高质量完成了工程建设任务。

温孟滩移民工程经过多年的洪水考验，达到了保证移民安置区防洪安全的目标。通过这次工程建设实践，河南（黄河）河务局锻炼了队伍，增加了设备，为河南（黄河）河务局施工队伍壮大和全局经济发展奠定了坚实的基础，为移民安置、小浪底工程建设和黄河治理开发做出了应有的贡献。

求索记：“历览长河”探索黄河的久安之路

王渭泾出生在黄河岸边的开封市，自幼熟知“黄河百害，唯富一套”的民谚。从事治黄工作特别是河务工作以后，他又常常面对洪水险情的威胁和侵扰。于是就产生了寻求有效的治理方略，实现黄河长治久安的梦想。

王渭泾退休以后，曾担任河南省政协常委及河南（黄河）河务局顾问，也有了充裕的时间，思考黄河治理方略问题：在治黄取得显著成效的今天，黄河是否能够长治久安了呢？黄河治理还有什么需要解决的问题，需要确定怎样的治理方向和治理方略呢？

他较为系统地研读了有关治河方略的史料和论述，形成了一些基本认识和设想。他认为，数千年来黄河演变与治理的历史，就是一部中、上游侵蚀，下游堆积，移山不止，填海不息的运动史；就是人们开发利用黄河，力图控制黄河，而黄河又依照自然规律不断寻求洪水出路与容沙空间的历史。这个历史现在还没有完结。

在黄河治理中长期存在一个误区，认为只要把泥沙送到海里，黄河的问题就解决了。为了解除这个误解，他在《历览长河》一书中提出了“容沙空间”的概念，那就是任何一个河道在一定的设防水位下，容纳泥沙的空间都是有限的，当河道的容沙空间被完全充填时，改道就是必然的结局。现在黄河泥沙虽有减少的趋势，但即使减少到年平均3亿吨左右，它仍然是一个多泥沙河流，只要有泥沙淤积（包括淤积在河口滨海区），河道容沙空间就会不断减少。黄河的泥沙问题并没有根本解决。

他认为，泥沙的资源化，应是今后黄河治理的重要方向之一。如果把泥变为可以利用的资源，那就只虑其少，不畏其多。今后，黄河治理除了继续完成现有的开发治理规划以外，更要不断开拓泥沙利用的途径和方法。在他看来，利用远距离输沙技术对河口地区盐碱沙荒进行改造和填海造陆或筑岛，都是泥沙资源化的有效途径。迪拜修筑棕榈岛，曹妃甸填海修建深水港以及南海造岛的经验，都值得借鉴。他说：“我们不应满足于黄河治理取得的既有成就，还应与时俱进、开拓创新，把黄河变为造福人民的幸福河，为中华民族的伟大复兴做出新的贡献。”

如今，这位年近八旬的治黄前辈，为了实现黄河长治久安，仍在孜孜不倦地求知探索。2019年11月被河南省文化和旅游厅聘为河南省黄河文化保护传承弘扬专家委员会委员。

老党员的初心

田　丰

兰正行，开封河务局一名退休干部，现年（2019 年）81 岁，53 年党龄，1998 年退休后，在开封河务局离退东区支部连续 5 届担任职务委员，先后被评为“开封市关心下一代工作先进个人”“开封市优秀共产党员”。这些年，兰正行始终牢记自己是一名共产党员，始终保持共产党员的先进性，始终保持党员本色。

“孩子的前途最耽误不得，帮助困境孩子是我举手之劳的事。”——兰正行

在兰正行的老家通许县玉皇庙村，有位 1954 年转业回村的解放军老战士兰中兴，他曾参加过淮海战役、渡江战役和解放大西南等战斗，大家都叫他“老八路”。在他本该安享晚年时，他唯一的儿子因患食道癌早逝，儿媳迫于生活压力改嫁，留下了孙女春梅，孙子春雷、春光，三个孩子正在上学。老两口以种地为生，面对生活突然变得艰难起来。懂事的春梅和春雷小学毕业后就主动辍学帮助爷爷奶奶务农，小春光打算上完小学也辍学。

在得知兰中兴家中的困难后，兰正行决定帮助孩子们。他帮着初次出来打工的春雷找了一份工作，虽然挣得不多，但足以维持生计；每逢过节，春雷回家看望爷爷奶奶时，他都会再给孩子装上 200 元钱。兰正行每次回到老家，都会去看望兰中兴，并叮嘱他要教育小孙子春光好好上学，通过知识改变命运。春光小学毕业后考入了通许县孔楼初中，兰正行很高兴，开始资助春光上学，直到春光初中毕业。在兰正行的鼓励和支持下，春光考上了通许

县实验高中，春光爷爷开心地来到开封给兰正行报喜，兰正行高兴地说："孩子上学如果没有钱了，一定告诉我，我尽力帮助解决。"后来春光的奶奶因病去世，生活变得艰难，懂事的春光看着眼里急在心里，为减轻爷爷的负担，执意要退学。得知情况的兰正行专程找到春光，并表示希望他坚持读完高中、考上大学，将来才能好好地报答爷爷。在兰正行劝导下和鼓励下，三年后，春光不负希望考上了黄河水利技术学院，在这期间兰正行陆陆续续资助了 3000 多元，帮助他完成了学业，并找到了谋生之路。

"都是党的政策好，我只是跑了跑腿，没做什么！"——兰正行

随着社会经济的发展，村民的生活水平有了大幅度提高，家家户户都盖起了新房，兰中兴住的却还是土坯房，虽然享受着政府补贴，但已无劳动能力的兰中兴，想建新房子仍是心有余而力不足。兰正行暗下决心，要帮助这位"老八路"在有生之年完成心愿。为解决住房问题，兰正行拿着他的军人专业证和奖励证书到市民政部门反应情况，希望得到帮助。开封市民政局马局长听了兰正行的汇报后，附上兰中兴的各级证明材料，安排村委会负责人兰正华给兰中兴建了三间砖瓦房，并依据政策一次性解决了建房款 8000 元。兰正行每次来新家做客，孩子们都亲切地喊他爷爷，并说："您是我们家的恩人，您对我们家的帮助我们终生难忘"。

已卧病在床的兰中兴恳切地说："孩子们就交给你了，请你多操操心，引导他们走正道。"如今，已是 80 岁高龄的兰正行依然记着兰中兴的嘱托，一如既往地牵挂、关注着春梅、春雷、春光三个孩子。他通过自己的一言一行，几十年如一日发挥着力所能及的作用帮助相邻，给社会传递着正能量。

"我是村里人养大的，我就该为大家出点力、办点事。"——兰正行

2006 年，中共中央关于社会主义新农村建设意见出台后，兰正行非常激

动，积极组织召集在开封工作的通许县玉皇庙老乡 16 人，商议决定为 5 个自然村修通一条柏油路。之后，他们多次磋商、分头行动，一年多来共筹集修路款 75 万元。资金筹集好后，兰正行与玉皇庙、孔楼等村委会联系，经过多方努力，将 5 公里的泥泞路硬化成了柏油路，实现了玉皇庙村、孔楼、峰李、前栗七岗、后栗七岗 5 个自然村的连接，同时还为玉皇庙小学院内地面进行了硬化，方便了孩子们的出行。

当有人问他费这么大劲修路图啥，兰正行总会笑着说："不图啥，我是党员，就是想凭自己的能力给大伙儿办点实事儿，干点儿好事儿，修路也不是我一个人的功劳，是大家共同努力的结果。"

"我已经退休了，不能再为单位贡献什么，别给单位添麻烦。"——兰正行

他的心很大，满满写着党和国家，他的心又很小，几乎装不下自己。2012 年兰正行被确诊为前列腺癌，每月的医药费少则数千元，多则上万元，他的老伴没有工作，于 2016 年身患重病，肝脏器官部分切除。两位老人都已 80 多岁，平时生活靠子女、亲戚接济，即便如此，这位老党员从未找过组织寻求过帮助，他叮嘱过儿女们："我已经退休了，不能再为单位贡献什么，别给单位添麻烦。"

什么是不改初心？什么是淡泊名利？兰正行就像一面镜子，映照平凡中的伟大。

"离岗不离党，退休不'褪色'"，兰正行用行动给出了答案。在开封河务局年轻党员的眼里，他就是标杆，在平时的生活中为后辈做出了榜样，用自己点点滴滴、平平凡凡的行动，体现了老党员对党和人民矢志不渝的忠诚，诠释着共产党员的先进性，用真诚和付出体现着共产党人的初心本色。

拳拳爱心育新人　默默奉献见精神

——黄河勘测规划设计研究院有限公司退休干部陈昌明先进事迹

黄河勘测规划设计研究院有限公司离退部

陈昌明，女，现年（2019年）89岁，是黄河勘测规划设计研究院有限公司岩土事业部工程公司（工程公司前身是设计院洛阳地勘院）一名退休干部，中国共产党党员。30多年来，她先后用省吃俭用节余的10万余元，为10余所学校、幼儿园增订图书报刊；从1980年起，自费开办了两个报栏和一个少儿阅览室；先后资助贫困山区60名失学儿童；她还积极帮教失足青少年思想转化工作。她用自己的行动诠释着活到老干到老，好好为人民服务，更好地在有生之年发挥余热的心声。

心系山区贫困儿童，为希望工程添砖加瓦

陈昌明出生在一个贫寒的家庭，少年丧父，母亲的坚强性格和求知愿望给了她很大的感染。青少年时代正值日寇蹂躏中华大地，她切身感受到落后必挨打，贫穷更需要知识的真理。大学毕业后，她当了教师，但由于历史的原因，离开了视如生命的教师岗位。她发誓要用另一种方式实现自己的理想，所以一直在默默地做着育人的工作。

1994年，她从《洛阳日报》上看到有关洛阳贫困山区的孩子无力求学的报道后，心想："我小时候就是因为家穷上不起学，不能再让这些孩子被'穷'字绊住腿了。"

当时，她已经退休，毅然拿出当月的退休金和家中所有的现金共1840元，

到洛阳市希望工程办公室，将钱捐给了嵩县田湖镇的3名失学女童王丽娇、武晓利、杜鹃。此后的十几年里，她每年都要拿出4000多元的退休金，资助嵩县、栾川贫困失学儿童。栾川县的李桃曾在给她的信中写道："父亲离开这个世界，家里就像塌了天。虽然我升学考试考了全乡第五名，但我却一点也高兴不起来。面对贫困的家庭，我不知道我还能不能走进校门。正在此时，我收到了您的捐款。捧着捐款我哭了，妈妈哭了，姐姐哭了。我跪在地上面向洛阳发誓，我要努力学习，报答您!"

十几年来，到底收到过多少封信，她已经数记不清了；被孩子们纯真的话语感动过多少回，她更数不清。她把这些信当宝贝，轻易不让人碰，她觉得，它们不单是信，还代表着孩子们真挚的心。

增订图书报刊，为青少年输送精神食粮

陈昌明从事教育工作多年，深知学生没有课本，老师没有教学参考书的困难。"书籍是人类进步的阶梯"。读书可以开阔眼界、愉悦身心、陶冶性情、丰富知识、升华精神。早在1980年，她就开始为学校无偿赠书订阅报刊。30多年来，她用自己微薄的工资为15所中小学幼儿园赠书送报刊，赠送玩具，赠书4200多册，赠订报刊1300余份，玩具100多件。因为买书常忘记了时间，忘记吃饭，送书送到很晚才回家，有些书还是出差和探亲时从湖南、郑州、北京购回的。其内容涉及革命故事、历史故事、科学知识、思想品德等。

这些年来，图书、报刊的价格不断上涨，而她的退休工资也非常有限，但她始终未改初衷。每年"六一"前的几个月是她最忙的时候，因为新书已陆续上市，不及时买就很难成套，内容也需要仔细挑选。她除了给学校赠书外，还给学校赠送报栏，赠送自己收集珍藏多年的各种矿物标本，给幼儿园儿童赠送智力开发书和玩具。

她还长期为师生代购图书报刊。当得知哪些学校缺教学课本或其他书籍时，她立即四处奔波，不仅代买，而且还及时送到学校，解决师生的燃眉之急。她不仅为驻地附近和市内学校代购书籍，而且还为其他省、市学校代购书籍。

起初陈昌明为学校赠书时，师生们以为她是书店的推销员，书店的同志以

为她是学校的图书采购员，当她代商店订报刊时，他们又以为她是邮局的发行员，闹出不少笑话。但当他们得知内情后都很感动。20多年来，陈昌明为学生们赠书、代订图书不知步行了多少里路，花费了多少时间，摔过多少次跤，用坏了几个提包。但是，当看到孩子们接过新书，闻着墨香，脸上洋溢着喜悦的神色时，愉快的心情是别人无法体会到的。

自费开办阅览室，为青少年开辟第二课堂

为了青少年的健康成长，光靠课堂知识是不够的，还需要丰富学生们的课外知识。30多年来，陈昌明坚持自费创办青少年阅览室、读报亭，为辖区青少年成长营造健康向上的文化园地。

1982年，她在自己居住的地勘院家属院内设置了两个报栏，报栏里粘贴着《中国少年报》《百科知识报》《少年科普报》等报纸，每天翻换一次版面，隔天更换一次新报，30多年风雨无阻，从未间断。

1984年，她在大院里又创办了少年阅览室，为丰富图书内容，她跑了洛阳、郑州、北京以及湖南等地的新华书店。阅览室每周开放两次，除了让孩子们来看书以外，她还主动帮助他们解决学习中的难题。这个阅览室不仅家属院的孩子们喜欢，而且家长们也很满意，有的家长带上孩子一块儿看。30多年来先后有6万多人次来阅览室借阅图书。阅览室不仅给学生们阅读书籍提供了一个场所，而且学校在办板报、开故事演讲会、数学竞赛和其他竞赛活动时，学生也来这里查找参考资料。从1992年起，她采用走出家属院的做法，与辖区学校和老师提前约定在学生上自习或放学前几分钟，把书摆在教室，供学生阅览，受到了社会、家长和学生们的欢迎。

谆谆劝导，一片冰心育新人

祖国的前途寄托在青少年身上，关心青少年的成长是她义不容辞的责任。她非常喜欢和青少年交朋友，对他们的优点给予鼓励、表扬，对他们的缺点给予指正、帮助。尤其是对待后进生，她会更加耐心、真挚的教诲帮助他们，抚

慰他们的心灵，使他们成为爱祖国、爱人民、爱社会主义，有理想、有文化、有道德、有纪律、求上进的有用之才。

有个同学，父母离异后失去了家庭的温暖，产生了犯罪的念头。她和他在公共汽车上认识后，不仅关心他的学习，而且还关心他的生活，送给他学习和生活用品，通过书信来往，帮他树立正确的世界观、人生观、价值观，又向他讲解法律知识。后来，这个同学精神振作起来，不仅放弃了犯罪念头，而且进步很快。

有些职高的学生，认为上职高没出息，她与他们多次交谈，向他们讲自学成才做出突出贡献的人和事，向他们讲国家急需专业技术人才，使学生们增强了自尊心和自信心。有的孩子在来信中说："自从认识您后，您给我很多帮助，在人生的道路上给予我启迪，使我在盲目中得到指引……在人生的十字路口给我指明了一条光明的路，让我受益匪浅，今后我一定努力学习，报效祖国。"

由于她突出成绩，党和政府、单位也给了她很多荣誉。她却认为：个人享乐不是幸福，看到身边有困难的人都开心了，才是真正的幸福。在她家的墙壁上挂着洛阳市瀍河区人民政府赠与的锦旗"拳拳爱心育新人，默默奉献见精神"。她说："我以后会把这种培育新人，默默奉献的精神继续保持下去，生命不息，奉献不止，无愧于党多年的教导和培养。"

因陈昌明同志的突出贡献，她曾获得了全国少年儿童校外教育先进工作者、全国五好家庭、全国家庭教育工作园丁奖；水利部老干部先进个人、河南省"希望工程建设奖"、"河南省省直机关优秀党员"、"河南省关心下一代先进工作者"、"河南省希望工程爱心人士"、"河南省省直机关第三届道德模范提名奖"、黄河水利委员会离退休老同志发挥作用先进个人、全河离退休先进个人、洛阳市"巾帼扶贫"先进个人、洛阳市"热爱儿童特别奖"等多项荣誉。

不倦候鸟水利情

——记水利部松辽水利委员会退休干部冯明祥

于大海

他叫冯明祥，退休前是水利部松辽水利委员会副主任、松辽流域水资源保护局局长。2014 年因为喜欢东方温暖而不潮湿的气候，他和老伴来到海南养老。

2015 年，来自东方市委、市政府“致广大‘候鸟’人才的一封信”吸引了 73 岁的冯明祥，胸中涌动的责任感和对海南这方山水的热爱，让他毫不犹豫地选择为海南水利事业发挥余热。如今，他坚持奔走在一线巡河，充分发挥了专家型“候鸟”人才的智力支持作用，于古稀之年开启了新的奉献。

受聘为海南省东方市水务局技术顾问，冯明祥成为东方市难得的“候鸟专家”。他参与了东方全市水利工程建设“百日大会战”活动、水污染治理行动、水网建设“十三五”规划项目修订、水务建设管理规章制度起草等重点工作。他把时间都花在东方的河湖上，成了一名“新东方人”。

一座水库留不留？

2015 年，东方市水务局正纠结于一座水库到底留不留。

东方市大田镇短草水库是一座小型水库，大坝护坡和防浪墙多处出现裂缝，水库闸房墙角破了一个口子。水库不远处有一个采石场，由此一些人认为“这些裂缝和口子是被采石场作业产生的飞石打坏的。”水库出“险”不能再用，东方水务局斟酌再三向省里申请将该水库报废，但短草水库库容量 150 万立方米，造价近千万元，经费问题也是一大难题。

冯明祥接到的第一个任务，就是去处理这个水库的问题。

他仔细核查大坝和防浪墙，发现离石场最近的一块混凝土护坡没有按设计要求修伸缩缝，防浪墙也未修伸缩缝。再检查溢洪道，冯明祥同志对那件事记忆犹新："我一看，溢洪道的混凝土板有 20 多平方米被洪水冲开了。我一量，混凝土板最厚的才 18 厘米，按设计要求至少要 30 厘米厚。"

他了解到，闸房的口子实际上是被村民的拖拉机剐蹭的。他仔细对照水库的设计图纸最后确定：短草水库出"险"，跟石场没有关系，是施工单位未按设计要求施工造成的。

冯明祥的调查报告上报省里后，施工单位进场返工重修加固水库。这两年，短草水库经历了洪水的考验，安全无恙，而短草水库的施工方受到了处罚，被相关部门列入了黑名单。

助力争创县级河长制典范

目前，冯明祥在东方市水务局办公楼三楼东方市河长制办公室办公，2017 年以来，帮助东方市推行河长制是他的另一项重点工作。

2017 年 5 月 25 日，东方市成立河长制办公室，他全身心投入到东方市 238 条河湖的保护工作中。

他牵头建章立制，东方市河长制办公室成立 4 个月，就出台了 6 项制度——东方市河长制会议制度、工作督查制度、工作信息共享制度、工作考核与激励制度、工作信息报送制度以及东方市河长制工作验收办法。这些制度保障着河长制工作的顺利推进。

他巡河不怕辛苦，东方市 17 条市级河流全部走遍。在他的办公桌旁，还张贴着一张 2018 年 1 月印刷的《东方市河流水系图》。"这是东方市河流水系最新的数据啊！心里有数，才能治河。"讲着讲着他就会情不自禁站起身来，用手指着地图比画。

这些新的数据，是他与水务局的工作人员一起利用智能无人机捕捉回的。他经常下乡镇督查，督查完他是一定会去巡河的。河道有时坡陡草深，同志们劝他不要去了，他说不行，一定要亲眼看到河流情况。

2018 年 1 月 14 日，国家河长制工作中期评估核查组对东方市进行了核查，肯定了东方市河长制的做法，东方市现在正努力创建“国家（市）县级河长制典范”。

继续为水利事业奋斗

“2018年东方市河长制工作要点，一是制定并实施《东方市清河行动实施方案》；二是制定并实施《东方市河长制工作进企业、进社区、进学校实施方案》；三是保质保量完成东方市五项水污染治理工程；四是加强智能化和信息化建设，加强巡河及督导检查。”冯明祥笑着说，看来这又将是一个忙碌的开始……

2017年，海南《南国都市报》发起了感动海南候选人评选活动。冯明祥同志成为候选人之一；2018年，冯明祥同志被授予2017东方市首届十大好人殊荣。他的事迹多次在《海南日报》、《南国都市报》、南海先锋党员教育微视频上被宣传。对于父亲这样的故事，他的小儿子评价道：“我爸这人就是这样，一辈子就奉献给中国的水利事业了。”

志愿保护水资源　霜染鬓华心无改

——记水利部太湖流域管理局原党组成员、水资源保护局局长房玲娣

李俊婷

在上海市浦东新区区政府对面，远远地便能看一个西低东高呈螺旋上升的弧面形建筑，夕阳西下时，透明的玻璃圆球镜面总会染上一层金色的光芒，这就是位于世纪大道2000号的上海科技馆。馆内一层是“生物万象”展区，每逢节假日，都会有大批游客来此欣赏大自然的奇特画卷。2007—2017年的10年间，一位穿着印有“上海科技馆志愿者”灰色马甲的长者时常步履矫健地穿梭于参观者中间，耐心地为他们提供秩序引导、答疑解惑、义务讲解，这便是我要讲述的故事主人公房玲娣。

迟暮莫道复若何　锦绣年华又一春

退休前房玲娣曾任水利部太湖流域管理局党组成员、太湖流域水资源保护局局长。2007年退休后，她加入了上海科技馆志愿者服务总队，成为了一名志愿者。

做管理者需要高屋建瓴，放眼全局；而做志愿者更强调一丝不苟，事必躬亲。如何适应角色的巨大转变，成了摆在房玲娣面前的第一个问题。正像房玲娣说的那样，对于她来讲，在科技馆当志愿者，和退休前是完全不一样的工作环境和角色身份，需要有勇气放下身段，从管理者、指挥者转变为服务员、讲解员，从服务参观者的小事做起。

我来到太湖局工作时，房局长已经退休很多年了，她工作时的身姿我无

缘目睹，在我的印象里，现在的她头发微卷，脸上总是洋溢着淡淡的微笑，讲话简洁干练，稍带一点南方口音，和她聊天总会有种如沐春风的感觉，就如同邻家阿婆般自然亲切。我相信这也是很多到科技馆参观者眼中的房玲娣：一位始终面带微笑、热情服务的志愿者，谁也不会想到她曾经是一位厅局级领导。

除了做志愿者，退休后的房玲娣同时被聘为水利部稽查特派员、国务院七部委自然保护区评估专家。如何协调时间上的矛盾和冲突成了摆在房玲娣面前的第二个问题。为了坚持工作、公益两不误，有时，她往往是拿了行李到科技馆上岗，结束后直接赴机场赶往稽查所在地。

不仅如此，根据上海科技馆志愿者总队每年年初制定的计划，每名志愿者每年参加12次志愿服务即可，但房玲娣每年志愿服务次数至少在20次以上。为了坚持志愿活动，她牺牲了很多与家人相处享受天伦之乐的机会，陪伴尚在幼儿园的孙女的时间也常被挤占。对这些牺牲，房玲娣却有不同的看法，她说："我是一名党员，先国后家、先人后己这是党员的本分，再说了，通过付出和微笑传递正能量，我获得了很多信任和夸赞，也获得了很多快乐!"

特别令房玲娣感动的是，在科技馆做志愿者的这些年，碰到过很多带着孩子的参观者，他们会告诉孩子们："你瞧，这位老奶奶年纪这么大了还在为你们服务，等你们长大了，也要像她一样为社会做贡献。"通过自己的行动感染他人，带动他人，进而营造积极向上的社会风气，在房玲娣眼里，这正是做志愿者的最大意义。

雨送黄昏花易落　霜染鬓华心无改

生于1946年的房玲娣毕业于华东水利学院（现河海大学），从事水利建设和水资源保护工作四十余年，是全国知名的水资源保护专家。退休后的她并没有荒废自己的专业特长，在科技馆参加志愿服务的十年里，房玲娣始终以保护生态环境为己任、利用自己的专业背景和工作资源，在志愿服务和水资源保护中间架起了一座沟通的桥梁。

在世博会期间，房玲娣组织了"迎绿色世博，上海科技馆志愿者湿地保护学习交流会”，后来，她又与志愿者们一起编制了“从后滩湿地公园说起”的宣传交流材料。为了让志愿者们更好地理解学到的知识，房玲娣还组织他们到上海市的饮用水水源地进行实地考察。2016 年，在科技馆志愿者总队的支持下，房玲娣组织志愿者们参加了“世界水日”“中国水周”的宣传活动，在太湖边，穿灰色背心的科技馆志愿者成了一道亮丽的风景线。

每年暑期科普进社区是生物万像分队志愿服务的一大特色，同时也需要做大量准备工作。像房玲娣这些退休的老年志愿者，便义不容辞地成为了准备工作的主力军。她带着“生物万象”展区的志愿者们学习水利和水资源保护知识，并与培训好的“水专家”们，一起带着水质检测仪器等“道具”走进长宁华阳街道、浦东周康社区，为孩子们讲解水资源和垃圾分类知识。

作为一名年过七旬的志愿者，房玲娣从来不认为自己的年龄是从事志愿活动的障碍，很多时候，她走得反而比年轻人还要快。2017 年，河长制全面推行，太湖局联合虹口区江湾镇街道和上海科技馆志愿服务总队共同开展了“共庆十九大护水我先行”主题活动。在座谈会上，她向青年志愿者们介绍多年来工作的心得体会；在宣传活动中，她又深入沙泾港沿线社区，向居民宣传河道整治重要意义，鼓励更多居民爱护河道环境，共建美丽家园。

2017 年 12 月，“关爱山川河流·保护城市水体”志愿服务暨公益宣传活动在浙江省绍兴市启动。71 岁的房玲娣冒着严寒再次赶赴一线，用自己的亲力亲为和言传身教向年轻的志愿者们传递志愿活动的价值和真谛。

10 余年来，房玲娣始终诲人不倦，由她组织的各类水资源保护相关的讲座和编写的讲义，对提升志愿者自身服务水平、拓宽志愿服务层面、提高志愿服务台阶起到了不可小觑的作用。对水资源保护意识在民众中的普及，特别是孩子们中间的普及，产生了积极的影响。

一花独放不是春 万紫千红春满园

除了自己当好一名志愿者，房玲娣还积极协助太湖局团委指导团员青年开展志愿活动。按房玲娣的说法是：“因为我通过奉献时间和精力获得了快乐，我希望大家也能获得这种快乐。”

受到房玲娣的影响与带动，太湖局两名青年正式加入了上海科技馆志愿者总队，越来越多的太湖青年投身到志愿活动中来。陈赟是受房局长影响，成为科技馆注册志愿者的两名青年之一，提起这位带领他走上志愿者道路的老领导，陈赟说："房局长极有责任心，对待年轻人更是倾囊相授，不管是作为一名老领导还是志愿者，她都能以身作则，把事情做到最好。"跟随房局长参加过许多志愿活动的太湖流域水资源保护局团支部书记蔡杰评价说："房局长有一颗认真负责的心，她一丝不苟的态度值得所有年轻同志用一辈子的时间去学习。"

在房玲娣的牵线搭桥下，太湖流域管理局综合事业发展中心的青年们从2013年起与科技馆生物万象志愿分队共建服务平台。5年来，每逢五四青年节，他们都要来到科技馆，通过志愿服务来纪念自己的节日。从2014年开始，两方志愿者还一起将科技送入社区，为智障人员、残疾人和农民工子女开展服务，向他们宣传安全用水和保护水资源的知识，达到了很好的效果。从2017年3月起，太湖局与科技馆合作进入常态化，太湖局志愿者固定每个月两次前往科技馆开展志愿服务和河长制宣传，利用上海科技馆的科学列车平台，他们将节约用水和水资源保护的知识传递给了更多人。

如今，太湖青年的志愿服务活动已经成为一个品牌，科技馆的工作人员提起太湖局志愿者总是赞不绝口。房玲娣说："通过服务平台的共建，志愿者们从彼此身上学到了知识，也扩大了宣传的范围，是好事。志愿服务平台让机关的年轻同志获得了解上海市情、融入上海社会的机会，也是好事。我希望年轻人能够在志愿者平台长期坚持下去，让志愿者的精神一代代传递下去。"

由于工作成绩斐然，自2007年参加志愿服务工作以来，房玲娣每年都被评为上海科技馆优秀志愿者，在2012年，还被评为"上海市优秀志愿者"。2018年，房玲娣所在的上海科技馆志愿者服务总队获得全国"最佳志愿服务组织"荣誉称号，新华社、《光明日报》、《人民日报》等媒体纷纷进行了报道。对于荣誉的获得，房玲娣看得却很淡然，她说："我就是一名普通的志愿者，想通过志愿服务这个平台发挥一下专业特长，做一点有意义的事，让更多的人得到帮助。"

房玲娣在志愿服务中坚持正能量，让更多的人感受社会积极向上的氛围。她所传播的不仅是科普知识，更是社会主义精神文明正能量。科技馆志愿者服务总队创始人之一李笑和这样评价："房玲娣就像一束火种、一束革命的火种，她虽然也是一个普通的志愿者，但她却团结了身边许多人加入到志愿者队伍，带给大家知识的力量、奉献的力量。她是我们身边的楷模，她的奉献精神是我们心中的楷模。”奉献、友爱、互助、进步的志愿精神在房玲娣身上体现得淋漓尽致，除了使人敬佩和感动之外，她带给我们更多的还有思索和启迪。

退休不“褪色” 夕阳更生辉

——记水利部太湖流域管理局退休老党员王同生

周 璐

党的十八大以来，习近平总书记提出要实现中华民族伟大复兴的中国梦，举国人民为之努力奋斗，广大党员干部们更是在各行各业首当其冲，以身作则，凝心聚力发挥作用。

筑梦路漫漫其修远兮，上下求索而无谓年龄

在太湖水利事业蓬勃发展的道路上，始终活跃着这么一位82岁、60年党龄的老党员的身影。即使满头白发，依然精神饱满，神采奕奕，他，就是被称为“太湖水利不老松”的水利专家王同生。

提起王老，我们这群太湖人心中的钦佩之情总会油然而生。

王老出生于1935年2月，毕业于华东水利学院（现河海大学）河川系水工结构专业，教授级高级工程师，享受国务院特殊津贴，先后工作于中国水利水电科学研究院、水利部淮河水利委员会、水利部太湖流域管理局，分别从事科学研究和流域治理工作。1985年起任太湖流域管理局党组书记，常务副局长（正局级），1997年12月退休。

庄子说：“人生天地之间，若白驹之过隙，忽然而已。”这位82岁的老人一路走来，静待时间，秉承初心，时刻牢记党员的责任和义务，扎根奉献于水利事业，驻守奋斗在太湖流域，走下“工作岗位”20年，坚持发光发热，以“愿为流域水利事业发展奉献一生”作为人生美好夙愿，真正用实际行动诠释了一名普通老党员的朴素情怀，可谓退休不“褪色”，夕阳更生辉。

不忘初心，坚定信念不动摇

作为一名82岁的老党员，自1956年加入中国共产党以来，王老始终秉承共产党人的价值观，牢记共产党人的初心。退休后，王老坚持常态化学习党的政治理论知识，不断提高思想觉悟，把初心化作前进的动力。近些年王老按照上级党委要求积极参加“两学一做”专题学习教育、上海市建设交通系统和太湖流域管理局等部门组织的老干部形势报告会，他重视思想交流，多次在离退休党支部主题组织生活会、主题党日活动中踊跃发言，深入研读《关于新形势下党内政治生活的若干准则》和《中国共产党党内监督条例》，定期浏览时政信息及文史类书籍杂志，通过参加各类学习活动，保持思想常新，与时俱进，紧跟时代步伐，永葆党员先进本色。

继续前行，坚持退休不退岗

自踏上工作岗位，王老就坚持“业精于勤”，作为一名水利人，他结合工作加强学习，勤勤恳恳，苦练基本功。为更好地掌握和分析国外水利行业知识，他先后学习英语、俄语，并自学德语，改革开放以后，因机缘巧合，1981—1984年他远赴美国西北大学混凝土和岩土研究中心做了两年多访问学者，期间因研究工作成绩突出，他被该中心聘为博士后副研究员。回国后，他更是带着自己在国外所学、所悟、所得的先进知识和经验，全身心投入到国家水利事业中。

几十年风风雨雨，未曾改变的，永远是王老对党、对水利事业的满腔热忱和赤诚之心。他参与刘家峡、三门峡、新安江等多项水利科研课题研究，曾获全国科学大会奖、国家自然科学奖三等奖；参与淮河干流规划，参与太湖流域管理局成立初期各项筹备工作、太湖一期治太工程建设等，1988年被聘为教授级高级工程师，1992年起获得国务院政府特殊津贴……一个个分量十足的荣誉，是对这位老党员、老专家多年来工作事业的充分肯定、最好注解。

1997年12月从太湖流域管理局退休之后，王老依然惦记着他所熟悉的水利专业，在含饴弄孙之余，他坚持每天早晨做操、打拳，四季游泳，力求身体健康、保持思考能力，孜孜不倦地为太湖流域水利事业奉献着他的激情和余热。

著书立说，为流域水利治理留下宝贵经验财富。他总结了自己多年的工作心得及参与研究的工程经验，先后编著和主编《太湖流域防洪与水资源管理》《涵闸混凝土的温度应力及温度控制》两篇著作，分别于2006年、2011年正式出版，两书均有40多万字。他还参与《中国河湖大典》太湖流域有关条题的撰写，刊载于2009年正式出版的《中国河湖大典·长江卷》。为将太湖治理经历的过程和取得的成绩记载存史，供今后流域水利工作进行借鉴与参考，太湖流域管理局根据水利部对江河水利志工作的要求，开展《太湖志》编纂工作，2015年，王老又欣然接受了修撰《太湖志》这一项光荣但艰巨的历史任务，在王老家里书桌上，陈列着厚厚一沓《太湖志》手稿，《太湖志》中他负责撰写的部分约20万字，都是经他一笔一画写到稿纸上，手稿纸上字迹清晰，文笔流畅，字里行间透露出王老对待工作的一丝不苟和严谨负责。修撰《太湖志》期间，王老因身体不适动了个小手术，术后第三天，大家去医院探望他，只见他躺在病床上，捧着参阅资料和纸笔，在认真地修改着《太湖志》，力求把前几天开会的讨论意见尽快反馈到正文中！2016年，王老又参加了水利部组织的《中国水利史典》太湖流域篇的审查工作。

受聘特派员，为确保水利基本建设工程质量做出贡献。王老退休后，经太湖流域管理局推荐，水利部批准，2000—2011年期间受聘担任水利部水利建设工程项目稽察特派员，率领稽察组专家赴各省进行项目稽查，共完成了水利枢纽、城市防洪、病险水库除险加固、大型灌区节水改造、农村饮水安全等各类水利工程100多个项目的稽察任务，为加强水利基本建设投资管理，发挥资金效益，确保工程质量，做出了积极贡献，并曾被水利部建设与管理司评为优秀稽察特派员。

加强学习，为太湖流域水利事业发展竭心尽力。在60余年的工作生涯中，王老参与太湖流域水利综合治理和管理工作30年，目睹了国家水利事业改革和发展的新跨越，退休后他继续关心着水利事业发展，关心着流域治理，保持思想和知识与时俱进，每年他都会应邀参加太湖流域管理局年度工作会议，了解掌握水利部重大会议讲话精神、流域水利工作成效、改革发展方向等，认真思考和参与太湖流域管理局有关规划、防汛等方面专题的研究和咨询。

乐于助人，坚持奉献不计较

退休后的王老坚持发挥党员的模范带头作用，心系民生，勇于担当，1998年，国家发生特大洪水，正值王老刚走下“工作岗位”，但这位水利老专家仍然惦记着长江沿线的防汛紧急情况，加入太湖流域管理局防汛抗旱小组，不顾天气环境恶劣，顶着大风大雨，亲自奔赴江苏镇江，驻守在防汛第一线，奉献自己的一份力量。

王老宽容仁厚、谦和热情，虽曾担任太湖流域管理局党组书记，但他丝毫没有架子，对待年轻同志们就如同自己的孩子一般，他严谨务实的工作态度和渊博的水利专业知识，深受太湖流域管理局年轻同志们的欢迎和喜爱，是大家争相学习的榜样。年轻同志们在编写项目调研报告、进行数据分析时遇到困难，会向王老请教，而王老总是悉心地给予他们帮助和指导。2019年5月，王老应邀参加太湖流域管理局离退休干部党员“正能量”宣讲活动，分享传授了他多年以来在流域水利治理与管理方面积累总结的经验知识，给年轻同志们上了宝贵实用的一课。

“余热未尽献，老骥不偷闲。古梅无他求，点红暖人间。”王同生这位老党员、老专家，多年如一日，在国家水利事业发展道路上勤劳踏实，甘于奉献，他以不断进取的毅力和勤奋实干的身姿，践行着共产党员的信仰和职责，感染和激励我们一批又一批的年轻同志，继续筑梦在路上！

访陈国樑老厅长

李佳奇

2017年7月16日周日下午，水利部离退休干部局局长凌先有带领医疗保健处处长李桂才和我前往酒店，拜访正在北京出差的陈国樑老厅长。在路上，凌局长充满敬仰之情地向我们介绍陈老的情况：他是福建省水利厅的老厅长，还是一个充满正能量、退休近20年一直在发挥作用的老厅长。凌局长的介绍让我满怀期待，迫切想亲身目睹这位老厅长的风采。

在房门外，刚按下门铃，一位老者便立刻打开房门，热情迎我们进屋。凌局长介绍，这位满头青丝，笑容可掬，带着黑框眼镜，颇有学者风范的老人就是年逾80岁的陈国樑老厅长。屋内的桌子上堆满了书籍和材料，从一张写到一半儿的便笺纸看出，就在我们到访之前，陈老还在伏案工作。

陈老与凌局长促膝而坐。嘘寒问暖后，陈老饶有兴致地介绍，他出版过《山泷冷浸田改造》《农村经济运行探索》《海岸长城》《水利经济运行探索》《我的二〇一〇》《思考与感悟》等著作，目前正在紧锣密鼓地编辑校对《八十拙笔》《水缘情怀》这两本新书，新书收录了近年来的调研文章和心得体会，是近期工作的一个小结，也是向党的十九大献礼。

凌局长听了陈老的介绍，对他著书立说的斐然成绩和忘我工作的奉献精神啧啧称赞。陈老意味深长地说，职务虽退，但思想和责任不能退，写材料、做调研不能摆样子，要言之有物、言之有理，经得起历史和人民的检验。陈老还结合自己的多年工作实践和写作经验，向我们分享了写好文章的三个关键。

一是要饱含感情。陈老认为，写作无关名利只关情，只有带着感情去写，才能创造出有生命力的文章。陈老将整个青春年华奉献给了闽北山区，在那里度过了39个春秋，其中在一个县里工作生活了31年，在一个村里坚守了19年，头戴斗笠，身穿棕衣，肩扛锄头，打着赤脚，上山垅，住茅房，与农民同吃同住、同劳动，真正扎根在了农村，把满腔热情泼洒在八闽大地。在福建省水利厅工作三年半，当时福建省委省政府高度重视水利工作，水利部十分关怀福建水利建设，福建省厅领导班子成员和处长们同心协力，全省十万水利水电大军豪情满怀，共同铸造全国水利先进集体“三连冠”，这段激情燃烧的岁月让陈老心潮澎湃。尤其是近年来受到治水兴水新成就和水利发展新局面的激励，让他倍感振奋，更触发了浓郁的水利情怀，促使他继续为水利事业贡献力量。

二是要深入基层。多年的基层工作经历，除了培养他吃苦耐劳的精神，还让陈老深刻体会到，必须要深入基层、深入群众，体察民情、考察实情，掌握第一手材料。2016 年，福建省遭受中华人民共和国成立以来最为严重的洪涝灾害，陈老等几位老同志心系防汛防台风工作，历时一个多月时间，实地调研了 4 市、7 县、4 支驻夏泉部队，举行了 12 场不同类型、主题的座谈会。陈老来到某市后，看到当地的关于抗洪抢险的先进事迹，陈老提出要亲自与当事人谈话，却在交谈时看出了的端倪，发现虽然事迹不假，但却有“张冠李戴”的问题，当地官员承认并纠正了错误。

三是要有新思想。2016 年，陈老亲自撰写了一份名为《用生态文明理念统领福建水利建设》的调研报告。在讨论报告时，一些同志提出疑问，为什么用“统领”不用“引领”，为什么用“生态文明理念”不用“生态建设”？陈老耐心解释道，“统领”是统帅领导，突出其坚定性、方向性、重要性、全面性；“引领”是引导带动，相比较力度轻，重要性不足；生态文明理念倡导保护整个生态系统、周边环境，体现人与自然的和谐相处，站位高，意义更深远；生态建设仅是生态恢复和重建，具有局限性、暂时性。在场的同志们听后茅塞顿开，纷纷表示赞同陈老的“创新”提法。陈老强调，不能抱残守缺、思想僵化，要主动探索新事物，思考新问题，提出新观点，这样才能写出更有价值的文章。

陈老动情地说，多年来坚持写作的动力还源于领导的高度重视。2012 年 10 月 17 日，陈雷部长在陈国樑书写的《贯彻中央水利工作会议精神，福建水利跨越发展一年巨变》一信中做出批示：“国樑老厅长：心系水利、情系水利，专门撰写了文章，分析了福建水利发展的巨变，概括了巨变的动因，畅叙了巨变带来的启示。请自刚同志阅，可摘编刊发。”在编辑出版《思考与思念》时，水利部原部长钮茂生情真意切，亲自为书定名并挥毫题写，还赠送精心绘制的一幅奔马图；水利部老部长周保志为《水缘情怀》作序，高度肯定了陈老在古稀之年仍旧像年轻时一样，心系水利、心系群众的激情与活力。

凌局长认真倾听陈老的讲述，并深情地说，陈老是德高望重的老领导、老专家，在职时为福建水利事业殚精竭智，离开岗位后，仍旧孜孜不倦、笔耕不辍。习近平总书记强调，老同志要讲好中国故事，传播中国好声音。陈老所行所为就是水利初心的最佳诠释，是中国故事的动人篇章。

陈老第二天就要启程返回福建，我们不便过久打扰，惜别前，大家拍了合影，但我未敢烦扰与陈老单独合影。凌局长看出我的心思，替我提出请求，陈老欣然答应。回来的路上，凌局长再次叮嘱我，老干部工作者要为像陈老一样具有正能量的老同志立言立行，传播老同志的好声音。

此时的北京依然未散去积聚的酷热，我突然想起，福建是否更为炎热，如果陈老到基层调研，身体是否能吃得消？转念一想，老水利人的心里都流淌着清水，到哪儿都有春风。

永久的怀念

凌先有

你去了，在两年前柳絮纷纷的时节。

得到噩耗，我不禁悲从中来。两年来，总想为你写点什么。可每次提笔，都感到心也沉沉，笔也沉沉，一任怀念春草般滋长。

至今还清晰地记得与你第一次见面的情景。20年前，我从灵口水文站调到省水文总站。当我一路风尘、拎着大包小包的行李出现在总站二楼的楼梯口时，你刚好从楼道那边走过来，一把接过我手中的一个大包，微笑地问我："你是小凌吧，一路辛苦了。"我当时并不认识你，正好累得够呛，便任由你接过我的行李，将我送到政治处。几位工作人员恭恭敬敬地叫你"张主任"，我才恍然，知道你就是水文总站的党委书记兼主任、全省水文系统响当当的"一把手"。望着你清癯而和蔼的面孔，我极不自然地木在那里。你向工作人员询问了对我食宿的安排后，便对我说："快洗洗吧，先好好休息休息。"

后来我才知道，我的这次调遣，完全是因为你对我的赏识。但我至今也不明白，你当初为什么会赏识我这个刚出校门不久、又分配在偏远的大山深处、与你没有任何瓜葛的陌生的年轻人。现在回想起来，这也许是我人生的一种幸运。你是第一个改变我人生道路的人。

让我最难忘的，是你实事求是的精神。那年夏天，一场百年不遇的洪水如猛兽般几乎毁掉了南部一个有着千年历史的古城。洪水发生的第二天，你因为要去省里开会，便让我先去那里了解情况。我在对这次洪水灾害进行实际调查时，被第一线水文职工在洪水面前大无畏的精神深深地感动了。于是，先后写了《八战洪流测水文》《最后一份水情电报》等报道，很快在省报发表出来，不曾想却因此惹了祸。因为报道在无意中透露了水文职工对那次洪水的预报，一个古城的领导看后坐不住了，硬要说报道失实，因为这样他们就可以逃脱指挥群众撤离不力的责任。电话打到水文总站，我被对方咄咄逼人的话语吓得心神不宁。你知道后，安慰我说："没什么大不了的，再大的官也得讲实事求是。这样吧，我陪你走一趟。"在去古城的路上，你叮嘱我："到那里后不要怕，该说什么就如实说。我做你的后盾，如果有什么责任，我替你担着。"有你这话，我心里感到踏实和温暖。在与古城的官员们的谈话中，你始终坐在我的身边。当古城一位官员要我在古城的报上写一份承认自己报道失实的说明时，我当即回绝。在那次谈话中，你很少插话，但我从你平静的脸上读到了一种精神。7年前，我在《中国水利报》"历史洪灾回眸"栏目中发表了对这次洪水的回忆纪实，你看了后打电话给我，连连说："写得好，写得很实在，只有实事求是的东西才有生命力。"

在跟随你的几年中，你给我的印象，总是以宽阔的胸襟对待下属。一次，我去你的办公室送文件，有一位基层的领导正在跟你吵，脸和脖子涨得通红，你似乎也很生气地在与他理论。我退出来后，感到这位基层的领导太不自量，怎么能够顶撞自己的上司呢。同时也为这位领导担心起来，因为大凡与上司闹别扭的人，都没有好果子吃，好多人巴结领导都来不及呢。没曾想，半年后这位基层领导竟然被提拔了。在与你谈起那位基层领导时，你对我说："他这个人虽然脾气不大好，但敢于讲真话，这一点很难得啊。"我有一次在工作上自作主张犯了错，向你检讨，你对我说："年轻人严格要求自己是对的，但不能老检讨，这样时间长了便没有了个性。我喜欢有思想、有个性的年轻人。"

你对别人宽厚，但对自己要求却很严。一次跟随你到一个叫马渡王的水文站检查工作。下午下班后，站长想留我们吃了饭再走，你却执意不肯。你对我说："咱们到基层主要是帮助基层解决问题的，千万不要给人家添麻烦。"当时水文站还没有车，我想打电话给总站让司机来接，你制止我说："别打扰司机了，司机下班了就该好好休息。"从马渡王到远郊的汽车站还有一两公里的路要走，我们就是这样在苍茫的暮色中走过禾苗青青的田野，来到荒避的车站。你当时已经是快60岁的人了，又有心脏病，挤上拥挤的公共汽车后，只见你一手抚胸，一手向上握着扶手，在汽车上颠颠簸簸、走走停停中站了两三个小时才回到单位。你当时在车上难受的样子，与你的人格一起，已经深深地在我的脑海中定格，并随着时间的推移在不断放大。

你退休以后，我已经调到了水利厅工作。你当领导时间长了，原则性又强，难免得罪一些人。有一些过去经常围着你的人在你退休后见面不再理你，还有个别欲望没有得到满足的人见了你鼻子一哼、头扭在了一边。这使你心情很沉郁，不愿意多出门。我知道你写得一手漂亮的字，便在去看望你的时候劝你练练书法，换一种心情去生活。当时我正编辑水利刊物，就约你写一篇书法作品。半月后，你果然写了一幅“为政清廉，国家兴旺”的书法作品给我送来，我在刊物扉页上刊登出来，你看了以后非常激动，从此开始走进了书法的天地。几年后，一次在省老年活动中心门口见到你，你一下子握住我的手，高兴地说：“小凌啊，我真得感谢你给很大的鼓励，改变了我退休后的生活。”说着，你拉着我去看你在这里举办的书法展览。后来你的书法作品在水利部获了奖，奖品是一个很大的砚台，你硬要送我。我说砚台你就留着吧，我有你的字存着就够了。现在，在我的案头一直放着我编辑的、印这你的书法墨迹的那本水利刊物。这已经成为我们忘年之交的唯一信物。每每看到你遒劲有力的字体，你的形象就会自然地浮现在我的眼前。

记得在你去世后的第二天，我曾悲痛地写了一首祭奠你的七言律诗——《悼念张志超》。情急之中，发出后没能留底儿。留在纸上的感伤诗句已无法追忆，但留在心里的怀念之情却永远无法抹去。

（写于2003年6月22日）